W0035209

Simone Pöhlmann & Angela Roethe
Die Streitschule
Trainieren Sie Ihre Kommunikations- und Konfliktfähigkeit
Ein Arbeitsbuch

Ausführliche Informationen zu weiteren Büchern aus dem Bereich Kommunikation sowie zu jedem unserer lieferbaren und geplanten Bücher finden Sie im Internet unter www.junfermann.de – mit ausführlichem Infotainment-Angebot zum

JUNFERMANN-Programm ... mit Newsletter und Original-Seiten-Blick ...

Besuchen Sie auch unsere e-Publishing-Plattform www.active-books.de – mittlerweile ca. 250 Titel im Angebot, mit zahlreichen kostenlosen e-Books zum Kennenlernen dieser innovativen Publikationsmöglichkeit.

Übrigens: Unsere e-Books können Sie leicht auf Ihre Festplatte herunterladen!

Simone Pöhlmann & Angela Roethe

Die Streitschule

Trainieren Sie Ihre Kommunikations- und Konfliktfähigkeit

Ein Arbeitsbuch

Junfermann Verlag · Paderborn
2004

© Junfermannsche Verlagsbuchhandlung, Paderborn 2001
2. Auflage 2004
Covergestaltung: Heike Carstensen
Illustrationen: Barbara Hömberg

Alle Rechte vorbehalten.
Das Werk einschließlich aller seiner Teile ist urheberrechtlich geschützt. Jede Verwendung außerhalb der engen Grenzen des Urheberrechtsgesetzes ist ohne Zustimmung des Verlages unzulässig und strafbar. Dies gilt insbesondere für Vervielfältigungen, Übersetzungen, Mikroverfilmungen und die Einspeicherung und Verarbeitung in elektronischen Systemen.

Satz: JUNFERMANN Druck & Service, Paderborn

Die Deutsche Bibliothek – CIP-Einheitsaufnahme

Pöhlmann, Simone:
Die Streitschule: Trainieren Sie Ihre Kommunikations- und Konfliktfähigkeit. Ein Arbeitsbuch / Simone Pöhlmann; Angela Roethe. – Paderborn: Junfermann, 2001
    ISBN 3-87387-469-5

Streitschule® ist ein geschütztes Markenzeichen. Auf weitere Kennzeichnung wird im Text verzichtet.

ISBN 3-87387-469-5

Inhalt

Wir danken
Dieter, Sarah und Teresa
und
Andreas, Philipp und Charlotte
für ihr Vertrauen und die ungebrochene Bereitschaft,
uns auf dem Weg durch die Streitschule zu begleiten.

GEDACHT IST NICHT GESAGT
GESAGT IST NICHT GEHÖRT
GEHÖRT IST NICHT VERSTANDEN
VERSTANDEN IST NICHT EINVERSTANDEN.

VERSTANDEN?

nach Konrad Lorenz

Vorwort

Liebe Streitschüler

Kollegen vergraulen einander, Beziehungen scheitern, Geschäftspartner ziehen vor Gericht, „weil sie sich nicht mehr verstehen", „weil sie nicht mehr miteinander reden können", „weil sich zu viele Tabuthemen angesammelt haben", „weil sie sich nicht mehr mögen", „weil es nicht mehr schön ist", „weil sie hoffen, dass die nächste Beziehung das große Glück bringen wird", „weil sie müde geworden sind" – und viele mögliche „Weils" mehr! Wir können dies für immer beklagen, oder wir können versuchen zu ergründen, ob es Möglichkeiten gibt, Menschen auf allen Ebenen beziehungsfähiger werden zu lassen.

Kommunikations- und Konfliktfähigkeit als Basis unserer Beziehungen ist nur in den seltensten Fällen ein angeborenes Talent. Die meisten Menschen müssen sich Kompetenz auf diesem Gebiet erst aneignen. Ziel der Streitschule ist es, diese Qualitäten zu entwickeln und zu stärken.

Streiten findet im Allgemeinen nicht als innerer Monolog statt. Man braucht dazu einen Partner. Im Rahmen der Streitschule kommen ganz unterschiedliche Menschen zusammen, um miteinander und aneinander zu lernen, sich im Konfliktfall zu behaupten, ohne den anderen unnötig zu verletzen.

Die Idee zu diesem Buch verdanke ich den Teilnehmern der *Streitschule*. Immer wieder haben sie gefragt, ob ich das Material nicht so aufbereiten könnte, dass sie selbst im Freundes- oder Kollegenkreis damit arbeiten könnten. Mein Verweis auf die umfangreiche, hervorragende Literatur zum Thema Konflikte (siehe S. 164) reichte ihnen nicht; gefragt waren Übungsblätter.

Das Projekt klang nach vielen einsamen Stunden im Büro. Mir war klar, dass ich es nur verwirklichen würde, wenn ich eine Mitstreiterin fände, mit der ich das Buch im Dialog entwickeln könnte.

Als meine Überlegungen so weit gediehen waren, wusste ich, wen ich fragen würde: meine Freundin Angela Roethe, Journalistin und Mediatorin, mit der sich schon verschiedene andere arbeitsreiche Projekte als sehr vergnüglich erwiesen hatten.

In diesem Buch haben wir uns auf kurze theoretische Ausführungen beschränkt und uns dafür viele Übungen und Rollenspiele ausgedacht.

Das Einzige, was Sie mitbringen müssen, ist Ihre Neugier auf sich selbst und andere.

Sollten Sie jetzt die Vorstellung haben, Sie müssten hier auch arbeiten, so ist dies richtig. Es hat sich aber erwiesen, dass diese Arbeit mit viel Freude und Lachen einhergeht.

Wir wünschen Ihnen gutes Gelingen!

1. Kommunikation ist kein Lotteriegewinn!

Konflikte, und erst recht Streit, sind den meisten Menschen unangenehm. Der Volksmund weiß das und sagt: „Es geht mir an die Nieren", „dem läuft die Galle über," „das macht mich schlaflos".

Ungelöste Konflikte sind gewaltige Energiefresser und vertilgen ungeniert unsere Lebensfreude. Aus unserer ganz persönlichen Sicht müsste es sowieso keinen Streit geben – die anderen brauchen nur zu tun, was wir wollen!

Dass unser Konfliktgegner dieselbe Situation so ganz anders erfährt, wertet und einordnet, wollen wir nicht wahrhaben. Wir wollen nicht einsehen, dass er in seiner Welt genau so Recht hat wie wir in unserer!

Solange beide Seiten darauf beharren, „Recht" zu haben, besteht der Konflikt. Je nach Temperament können wir uns mit Vehemenz in den Kampf begeben, verschämt alles unter den Teppich kehren, uns unauffällig verdrücken oder uns dem Konflikt tatsächlich stellen.

Jede dieser Verhaltensweisen hat natürlich Konsequenzen. Stellen Sie sich vor, dass Sie für jeden Menschen, mit dem Sie es längerfristig zu tun haben, ein Beziehungskonto führen. Dieses Konto wird im Laufe der Zeit gefüllt mit Vertrauen, Zuversicht, Geborgenheit, Aufmerksamkeit, Verständnis, Unterstützung, Interesse, geteilter Freude und geglückter Kommunikation. Umgekehrt führt jede Beleidigung, Verletzung oder negative Erfahrung zu einer Abbuchung von diesem Konto. Ist die Habenseite gut gepolstert, sind gelegentliche Überziehungen kein Drama. Wenn das Beziehungskonto ständig rote Zahlen aufweist, fragt man sich irgendwann, ob der Preis für den Fortbestand dieser Beziehung nicht zu hoch ist.

Um ordentliche schwarze Zahlen zu schreiben, um die Beziehungen als lebendig, offen und bereichernd zu empfinden, kommen wir meist nicht umhin, uns den

Konflikten zu stellen. Darin haben wir nicht viel Übung und noch nicht viele Vorbilder.

Die Korsettstangen, die früher Beziehungen regelten und zusammenhielten, sind auseinander gebrochen; hierarchische Strukturen, die Kirchen und die öffentliche Moral haben ihre Macht über das Miteinander weitgehend verloren. Der Preis für diese neue Freiheit ist, dass wir unsere Beziehungen auf allen Ebenen selbst und von innen heraus gestalten müssen. Dazu brauchen wir Konfliktkompetenz.

Die Fülle der Ratgeberliteratur beweist nicht nur den Bedarf an Handwerkszeug, sondern auch die wachsende Bereitschaft, diese Kompetenz zu erarbeiten. Nur: Gedankliche Einsichten können in Sekundenschnelle entstehen. Die Fähigkeit, sich den Einsichten gemäß zu verhalten, entwickelt sich hingegen langsam und in sehr kleinen Schritten.

Wir brauchen die Möglichkeit, neues Verhalten zu wagen, zu reflektieren, die Wirkung zu erfahren und auf's Neue zu erproben. Schließlich geht es nicht darum, nur Methoden oder abrufbare Techniken zu trainieren, sondern zu einer Veränderung der inneren Haltung zu finden und Kommunikationsfähigkeiten zu erwerben. Wenn es uns gelingt, unseren Konfliktgegner nicht als „Feind" zu sehen, sondern als Fremden, dessen Welt gleiche Berechtigung und Wichtigkeit hat wie die unsere, wächst die Chance für faire Lösungen.

Eine wichtige Grundlage dieser inneren Haltung von Offenheit und Akzeptanz ist Selbstklärung. Wer nicht weiß oder nicht sagen kann, was er will, braucht oder erwartet, empfindet schnell Ohnmacht und Kontrollverlust – das macht ihn unnötig aggressiv, und sei es auf einer noch so versteckten Ebene. Wer weiß, was er will, braucht und erwartet, und das auch sagen kann, ist weniger unter Druck, offener und handlungsfähiger.

Selbstklärung tut also Not: Das Erforschen und Ordnen der eigenen Gefühle, Überzeugungen, Prägungen und Werte, soweit diese für die Bearbeitung eines Konfliktes relevant sind, ist die Grundlage der Konfliktkompetenz. Dafür muss man bereit sein, sich selbst viele ehrliche Fragen zu stellen und zuweilen auch unbequeme oder irritierende Antworten zu bekommen. Dabei könnte das „strahlende Selbstbild" den einen oder anderen Riss bekommen, aber Sie könnten dadurch auch mehr Heiterkeit und Gelassenheit im Umgang mit sich selbst gewinnen. Wer im stillen Kämmerlein und ganz allein über sich und die Welt nachdenkt, gerät allerdings leicht in unfruchtbares Grübeln. Die Gedanken drehen sich im Kreis, statt Klarheit entsteht Verwirrung. Die Streitschule baut deswegen auf das Prinzip des Dialogs und der Gruppenarbeit. Zwar werden Sie mit sehr persönlichen Themen, eigenen und fremden, zu tun haben, aber Sie selbst bestimmen, wo Ihre Grenzen zum Privaten sind.

Nun stehen Sie im Konfliktfall nicht alleine da, und Ihr Konfliktpartner hat womöglich oder wahrscheinlich keine Lust, in die Streitschule zu gehen. Was nun? Wie könnten Sie den Dialog dennoch ermöglichen?

Was Sie selbst wollen und brauchen, ist Ihnen klar. Nun geht es darum, heraus zu finden, was bei Ihrem Gegenüber los sein könnte. Wenn Sie das Rüstzeug erwerben, das Gemeinte hinter dem Gesagten zu erfassen und dem anderen das berechtigte Gefühl geben, wirklich verstanden worden zu sein, entsteht weniger Aggression. Ihr Gegenüber fühlt sich ernst genommen, er kann die Waffen niederlegen. Menschen wollen verstanden werden!

Ein Konflikt kann sich auf der Sachebene oder der Beziehungsebene oder beiden abspielen. In der Streitschule lernen Sie, die unterschiedlichen Gefühle, Interessen, Bedürfnisse, Erwartungen und Wünsche für beide Seiten sichtbar zu machen. Damit kann das Suchen nach einer tragfähigen Lösung beginnen.

Die Kunst des Dialogs ist es, im Kontakt mit sich und dem anderen zu bleiben.

Wenn Ihnen dies ein ziemlich umfangreiches Vorhaben zu sein scheint, möchten wir Ihnen mit den Worten eines klugen und entschlossenen Mannes Mut machen. Martin Luther King hat gesagt: „Kein Problem wird gelöst, wenn wir träge darauf warten, dass Gott allein sich darum kümmert."

2. Ein bisschen Struktur muss sein!

2.1 Vorbereitungen

Wie könnten Sie mit diesem Buch umgehen, um den meisten Nutzen daraus zu ziehen?

Wenn Sie das Buch nicht nur als Lektüre genießen, sondern die Übungen auch praktisch durchführen wollen, brauchen Sie mindestens einen Mitstreiter (Ihre Freundin, Ihren Partner, Ihre Schwester ...). Besser, weil ergiebiger, spannender und erhellender, wäre es, wenn Sie mehrere Menschen fänden, mit denen Sie sich eine eigene kleine Streitschule erarbeiten.

Die folgende Gebrauchsanleitung geht davon aus, dass Sie mehr als zwei Personen sind:

→ Suchen Sie sich einige „Mitstreiter", die auch Lust haben, ihre eigenen Konfliktmuster zu ergründen und mehr Konfliktkompetenz zu erwerben.

→ Die Gruppengröße sollte überschaubar sein (nicht mehr als zehn Teilnehmer) und dennoch die Möglichkeit bieten, unterschiedliche Temperamente, Erfahrungen und Meinungen zu erleben.

→ Jeder Teilnehmer besorgt sich ein eigenes Exemplar dieses Buches, um während und nach der Streitschule die Theorie und seine persönlichen Erfahrungen aus den Übungen zur Verfügung zu haben.

→ Sie organisieren einen Raum, in dem Sie sich treffen können. Er sollte nicht zu klein sein, damit Sie sich auch immer wieder mal zur Arbeit in kleinen Gruppen zurückziehen können.

→ Sie einigen sich auf die Dauer des ersten Treffens (zweieinhalb Stunden haben sich bewährt).

→ Sie brauchen noch einige Bögen Packpapier (oder Flipchartpapier), ein paar dicke Stifte, Tesakrepp (um die Papierbögen irgendwo ankleben zu können) und kleine Schreibblöcke.

→ Das Buch ist von Anfang bis Ende in viele einzelne Bausteine gegliedert, die aufeinander ruhen. Es empfiehlt sich daher, es auch in dieser Reihenfolge durchzuarbeiten. Die Streitschule ist eine Möglichkeit zum Erarbeiten, Erfahren, Ausprobieren und Spielen. Sie brauchen es nicht vorher durchzulesen. Vieles wird nur in der gemeinsamen Arbeit klar und macht zudem viel mehr Spaß.

→ Durch die Streitschule führt sie „STRUKI". Wer STRUKI ist und was STRUKI tut, erfahren Sie auf der nächsten Seite.

→ Erfahrungsgemäß können Sie das Material der Streitschule in etwa 35 Stunden erarbeiten. Im Anhang finden Sie weitere Anregungen zu Spielen, Übungen und Rollenspielen. Vielleicht wecken diese Anregungen Ihr eigenes kreatives Potenzial, und Sie erfinden neue Rollenspiele, die auf Ihre spezielle Gruppe zugeschnitten sind.

→ Als Ritual schlagen wir Ihnen vor, jedes Treffen mit einem „Blitzlicht" zu beginnen (Seite 137) und an einem guten Punkt zu beenden, auch wenn die verabredete Zeit noch nicht ganz vorüber sein sollte.

→ Zur Sprache des Buches: Sie werden sehen, dass wir, obwohl zwei Frauen, im Text meist die männliche Form gewählt haben. Dies dient ausschließlich der besseren Lesbarkeit, und wir bitten STRUKI, der oder die jeweils vorliest, nach Bedarf und Belieben zu ergänzen oder zu variieren.

2.2 Das erste Treffen

Sie haben Ihre Mitstreiter gefunden. Sie haben einen Raum gefunden. Sie haben Termine gefunden. Sie haben die Dauer Ihres ersten Treffens festgelegt. Sie haben einige große Bögen Papier und ein paar dicke Stifte. Jeder hat sein Buch.

Einer aus Ihrer Runde liest den folgenden Text vor: Gruppen haben die Tendenz, sich ganz schnell in diverse ungeplante Richtungen zu entwickeln, wenn ihre Arbeit keine Struktur hat. Aus einer Arbeitsgemeinschaft wird ein Kaffeekränzchen, es gibt immer jemanden, der mehr redet und andere, die daraufhin ganz verstummen, statt zu arbeiten, wird über die letzten Filme geredet, was andere wiederum sehr erbost etc. etc ..., und ehe Sie es sich versehen, haben die Ersten schon keine Lust mehr. Irgendwann zerbröselt die Gruppe, und es bleibt eventuell ein bitterer Nachgeschmack.

Wir bieten Ihnen daher STRUKI an. STRUKI wird Sie als Übungsleiter durch die Streitschule führen:

STRUKI's Aufgaben bei jedem Treffen:
(Kopieren und bei jedem Treffen aufhängen)

Struktur = sorgt für Rahmen und Ablauf der Treffen / pünktlicher Beginn / Uhrzeit

Themen = sorgt bei eventuellen Abschweifungen für Rückkehr zum Thema

Regeln = die Gruppe hat sich auf gewisse Regeln geeinigt / bei Verletzung werden sie von STRUKI angemahnt

Uebungen = STRUKI liest die Übungen vorher und leitet sie

Kram = STRUKI schreibt an die Flipchart, sorgt für Pausen ...

Intervention = STRUKI darf eingreifen, wenn z.B. aus kontroversen Auseinandersetzungen Streit wird, wenn jemand zu oft oder zu viel redet oder andere Störungen auftreten.

- → STRUKI kann jedes Mal jemand anderes sein. Am besten entscheiden Sie am Ende jeden Treffens, wer beim nächsten Mal STRUKI sein soll, damit er sich ein bisschen vorbereiten kann.
- → STRUKI bittet z.B. um Blitzlicht. (Seite 137)
- → STRUKI fasst am Anfang jeder Sitzung zusammen, was zuletzt dran war. Er bittet die Gruppenmitglieder um Ergänzung, wenn nötig.
- → STRUKI macht jede Übung mit.
- → Jemand aus Ihrer Mitte erklärt sich bereit, für dieses Treffen STRUKI zu sein und übernimmt nun die Leitung.

STRUKI übernehmen Sie!

- → Falls sich die Teilnehmer Ihrer Gruppe untereinander noch nicht kennen, machen Sie eine Vorstellungsrunde: Jeder nennt den Namen, mit dem er angesprochen werden möchte, und beschreibt kurz, warum er die Streitschule machen will.

Ergebnis:

Nun haben Sie den ersten Kontakt zueinander als Arbeitsgruppe hergestellt. Weitere Möglichkeiten, den Beginn eines Treffens zu gestalten, finden Sie im Anhang.

2.3 Erwartungen und Befürchtungen

STRUKI liest vor: Bevor Sie richtig in die inhaltliche Arbeit einsteigen, bitten wir Sie einzeln und als Gruppe, Ihre Erwartungen, Ziele, Wünsche und möglichen Befürchtungen zusammenzutragen. Sie schaffen sich damit ein klares Bild davon, wohin die Reise gehen soll, wie Ihr innerer Fahrplan aussieht, und was Sie gegebenenfalls an sperrigem Gepäck dabei haben.

➜ STRUKI gibt jedem Teilnehmer neun Zettel oder Karten und bittet darum, sie von 1 bis 9 zu nummerieren.
➜ STRUKI schreibt die folgenden Sätze mit Nummerierung auf je ein DIN-A4-Blatt und hängt sie an die Wand, damit jeder sie gut sehen kann.
➜ STRUKI fordert die Teilnehmer auf, diese Sätze auf ihren Moderationskarten zu vervollständigen. (STRUKI macht mit!)

1. Die *Streitschule* lohnt sich für mich, wenn ...
2. Dies wird eine doofe Gruppe, wenn ...
3. Ich habe gehört, dass Gruppen wie diese ...
4. Ich kann bei anderen nicht leiden, wenn sie in einer Auseinandersetzung ...
5. An meinem eigenen Streitverhalten mag ich überhaupt nicht ...
6. Was ich schon gut kann bei Konflikten, ist ...
7. Ich hoffe, wir werden hier ...
8. Ich hoffe, wir werden hier nicht ...
9. Ich möchte hier erreichen, dass ...

➜ Wer mit der Aufgabe fertig ist, klebt seine Karten unter die Satzanfänge.
➜ Unter Leitung von STRUKI werden die gemeinsamen Ergebnisse angesehen und besprochen.
➜ Alle Meinungen werden akzeptiert und stehen gelassen.
➜ STRUKI passt auf, dass es nicht zu Diskussionen kommt.

Ergebnis:
....
Nun haben Sie ein erstes Bild von Ihren Bedürfnissen und Wünschen als Arbeitsgruppe.

2.4 Grundregeln

STRUKI liest vor: In der letzten Übung haben Sie Ihre eigene Haltung zu der Arbeit mit der Streitschule betrachtet. Im Rahmen dieser Arbeit haben Sie als Teilnehmer sowohl Ihre individuelle Haltung als auch Beziehungen zueinander; und Sie wissen schon aus anderen Lebensbereichen: Beziehungen brauchen Regeln.

Ihre Regeln für die *Streitschule* werden umso wirksamer und verbindlicher sein, je klarer Sie diese selbst gestalten und festsetzen.

STRUKI bittet die Teilnehmer, sich in Dreier- oder Viergruppen zusammenzutun und folgende Fragen zu besprechen:
→ Wie wollen wir hier in dieser Arbeitsgemeinschaft miteinander umgehen?
→ Auf welche Grundregeln wollen wir uns einigen?
→ Wie wollen wir es halten mit ...

1. Pünktlichkeit?
2. Pausen?
3. Rauchen? Wen stört es – Lösungen?
4. Essen und Trinken?
5. Vertraulichkeit über das Geschehen in der Gruppe?
6. Eigenverantwortlichkeit jedes Einzelnen?
7. Wie ernst ist es mir, eine feste Gruppe zu sein / oder ist das für mich nicht so wichtig?
8. Abwesenheit: Wie wollen wir damit umgehen? Lösungen?
9. Ausreden lassen / gleichviel Raum für jeden?
10. Respektvoller Umgang: Was ist das für mich / was brauche ich?
11. Toleranz: Was bedeutet das für mich in dieser Gruppe?
12. Fairness: Woran mache ich das fest?
13. Wie gehen wir mit etwas um, was uns nicht so gut gelingt?
14. Was mache ich, wenn es mir in der Gruppe oder in einer Übung mal nicht gut geht?
15. Was mache ich, wenn ich mich mal gekränkt oder verletzt fühle? Lösungen?
16. Eigene Bedürfnisse?
17. Mit welchen Befugnissen wollen wir die Rolle von STRUKI ausstatten?

Wenn alle Teilnehmer mit dieser Aufgabe fertig sind, bittet STRUKI wieder in die große Runde. Die Ergebnisse werden besprochen, die Gruppe einigt sich über ihre wichtigsten Grundregeln. Diese werden formuliert, auf Karten geschrieben und bei allen Treffen – gut sichtbar – irgendwo aufgehängt.

Ergebnis:

Sie haben geklärt, wie Sie miteinander und mit schwierigen Situationen umgehen wollen. Vielleicht ist Ihnen dabei auch einiges eingefallen, das Sie zur Klärung anderer Beziehungen nutzen könnten.

3. Auch Beobachten will gelernt sein!

3.1 Das erste Rollenspiel

STRUKI liest vor: Vielleicht hat jemand aus Ihrer Gruppe schon mal ein Rollenspiel gemacht, möglicherweise ist Ihnen aber diese Vorgehensweise noch ganz fremd.

Rollenspiel heißt nicht Theater spielen! Natürlich wird es Ihnen nicht schaden, wenn Sie beispielsweise in der Schule schon mal Theater gespielt haben, aber für die Rollenspiele in der Streitschule müssen Sie nicht Robert Redford oder Audrey Hepburn sein.

Für ihre Rolle im Rollenspiel bekommen Sie eine Situationsbeschreibung, aber keine Textvorgabe. Sie denken und fühlen sich in die Situation und in die Person hinein, die Sie spielen werden, und finden dann eigene Worte.

Stellen Sie sich vor, dass sich die Ausgangssituation in viele Richtungen entwickeln könnte. Es gibt kein „richtig oder falsch" – viel wird davon abhängen, was ihr Konfliktgegner sagen wird. Lassen Sie Ihrem dramatischen Potenzial freien Lauf!

Die Rollenspieler können entdecken, ob Sie in einer bestimmten Situation Wahlmöglichkeiten haben oder nicht und welche Gefühle das „Spiel" bei ihnen auslöst. Die Beobachter eines Rollenspiels können Streitmuster, Beziehungsgeflechte, persönliche Grenzen, Blockaden oder Stärken erkennen.

Im Lauf der Streitschule sind Sie mal Rollenspieler und mal Beobachter. Dadurch öffnet sich Ihre Wahrnehmung für eigene Verhaltensmuster, und Sie bekommen Mut, eingefahrene Wege zu verlassen und Neues zu erkunden.

Natürlich kann eine Rolle auch etwas mit Ihnen zu tun haben, aber das heißt nicht, dass Sie sich selbst spielen müssen. Sie können in Ihrer Rolle getrost ausprobieren, was Sie im „richtigen Leben" tunlichst vermeiden würden, weil es peinlich, gefährlich und unklug ist, oder weil Sie sich selbst schäbig vorkämen. (Haben Sie sich in einer Menschenschlange am Skilift schon mal vorgedrängelt? Im Rollenspiel dürfen Sie es!)

Und wenn die Rolle Ihnen ganz fremd vorkommt: Nur Mut, nehmen Sie sie als Chance, eine andere Facette des Lebens zu entdecken!

Wichtig: Die Rollen werden freiwillig übernommen und nicht aufgedrängt oder zugewiesen!!

Hinweis: Wenn Sie nur zu zweit sind, also keinen Beobachter haben und nicht im Rollenspiel geübt sind, ist das Rollenspiel mit Vorsicht zu genießen.

Einigen Sie sich vorher, wer von ihnen STRUKIs Rolle übernimmt. Einigen Sie sich auf eine maximale Spieldauer und stellen Sie sich dafür einen Wecker. Nach dem Klingeln haben Sie zehn Minuten Zeit für Schritt 7 bis 9.

Schritt 1:

Zwei aus Ihrer Gruppe melden sich freiwillig für das Rollenspiel „Nordsee oder Griechenland". – Es geht um einen Mann und eine Frau. Aber natürlich können im Rollenspiel Männer Frauenrollen spielen und umgekehrt. Es kann sogar sehr erhellend sein, sich gelegentlich in die Situation des anderen Geschlechts hineinzuversetzen!

Schritt 2:

Wenn sich zwei Freiwillige für die Rollen von Klaus und Hanna gemeldet haben, lesen sie ihre Rollen vor (Seite 29) und ziehen sich dann für ein paar Minuten aus dem Kreis zurück, um sich in ihre Rolle hineinzufühlen.

Schritt 3:

STRUKI liest nun allen anderen das Blatt (Seite 32) „Auswertung für Rollenspiele" vor. Die Beobachter wissen nun, worauf sie achten sollen.

Schritt 4:

Wenn alle Teilnehmer so weit sind, setzen sich die Rollenspieler in die Mitte des Raums und fangen an zu spielen.

Schritt 5:

Die Rollenspieler spielen so lange, bis sie sich endgültig verkracht haben, die Luft draußen ist, das Gespräch sich im Kreise dreht (oder die Beobachter einschlafen!). Erfahrungsgemäß dauert es aber eine Weile, bis Sie richtig in Fahrt kommen; bleiben Sie also mindestens zehn Minuten dabei.

Schritt 6:

STRUKI beendet das Spiel, wenn eines oder mehrere dieser Kriterien erfüllt sind.

Schritt 7:

STRUKI fragt die Rollenspieler:
- → „Wie haben Sie sich in der Rolle gefühlt?"
- → „Was war schwierig?"
- → „Was kennen Sie von dieser Rolle an sich selbst?"

Schritt 8:

STRUKI fordert nun die Beobachter auf, den Rollenspielern Fragen zu stellen und anhand des Auswertungsbogens zu sagen, was sie subjektiv (!) wahrgenommen haben.

Wichtig: Nur Kommentare zur Rolle – nicht zur Person des Rollenspielers oder der Schauspielkunst!!!!! Keine Rechtfertigungen, Diskussionen oder Beurteilungen!

Nehmen Sie sich ausreichend Zeit, das Geschehen von allen Seiten zu beleuchten!

Schritt 9:

STRUKI bedankt sich bei den Spielern und entlässt sie aus ihren Rollen. Diese kommen in den Kreis zurück.

3.2 Rollenspiel: Nordsee oder Griechenland

Klaus

„Ich heiße Klaus, bin 28 Jahre alt und lebe mit meiner Freundin Hanna zusammen.

Wir haben seit zwei Jahren zusammen einen Computerladen und haben deshalb nie Urlaub machen können. So ist das halt, wenn man selbständig ist. Aber jetzt haben wir Glück: Wir haben für zwei Wochen im September eine zuverlässige Vertretung gefunden, so dass wir verreisen können, wenn auch mit wenig Geld. Die Reise ist mir sehr wichtig, denn so bald werden wir hier nicht wieder weg können.

Gestern haben wir endlich darüber gesprochen, wohin es gehen soll, und Hanna stellt sich besonders zickig an.

Ich habe vorgeschlagen, nach Griechenland zu fliegen, und habe Hanna gesagt, dass ich schon mal zwei Tickets reserviert habe. Weiter kam ich gar nicht, da ist sie schon über mich hergefallen. Das macht sie im Büro auch gerne, wenn ich nicht alles ausführlich mit ihr bespreche.

Ich will eben in die Sonne – an den Strand, und am liebsten von Insel zu Insel fahren. Griechenland, Sonne, Wärme, die schöne Landschaft, das ist mein ganzer Traum. Außerdem sind da immer eine Menge junger Leute unterwegs, da hat man auch zusammen Spaß. Es gibt ziemlich günstige Angebote, und das geht mit unserem Budget gerade gut. Auf diese Weise hätten wir Erholung und würden auch was Neues sehen. Also, ich finde meinen Vorschlag richtig gut.

Hanna hat wütend gesagt, sie will an die Nordsee – ausgerechnet!!! Ich flippe aus, das ist doch total langweilig, alte Leute oder kleine Kinder, kalt, den ganzen Tag im Pullover rumlaufen – nee, so stelle ich mir meinen kostbaren Urlaub nicht vor.

Heute müssen wir es entscheiden, sonst sind die Flugtickets weg – hat das Reisebüro gesagt."

Bitte wenden …

Zusätzliche Anweisung für die Rollenspieler (nicht vorlesen):

Sie nehmen sich ein paar Minuten Zeit, um mit Ihrer Rolle vertraut zu werden. Welche Gefühle haben Sie in der Rolle? Vorfreude – Enttäuschung – Ärger – Ungeduld – Gereiztheit – Sehnsucht ...? Leben Sie diese Gefühle in dem Rollenspiel ungehindert aus!

Hanna

Ich heiße Hanna und bin 24 Jahre alt. Ich lebe mit meinem Freund Klaus zusammen, der ist 28. Wir haben gemeinsam vor zwei Jahren einen Computerladen aufgemacht. Jetzt verdienen wir ganz gut, aber am Anfang hatten wir gewaltige Investitionen, so dass uns noch nicht viel bleibt. Aber so ist das halt, wenn man selbständig sein will.

Nun haben wir uns eine Vertretung organisiert und können im September für zwei Wochen verreisen – unser erster gemeinsamer Urlaub.

Klaus hat mir gestern gesagt, dass er schon mal zwei Tickets nach Griechenland reserviert hat. Darüber bin ich stinksauer. Wir haben uns überhaupt noch nicht richtig darüber unterhalten, und ich habe eine ganz andere Vorstellung von diesen Ferien, die sicher auch für einige Zeit die letzten sein werden.

Griechenland – mir ist das zu heiß –, so viel Geld für den Flug will ich auch nicht ausgeben. Ich kann mich dort auch nicht verständigen, was mir wichtig ist. Außerdem vertrage ich das griechische Essen nicht, von dem vielen Öl wird mir leicht schlecht. Also, ich will da nicht hinfahren.

Ich will an die Nordsee, auf eine der vielen kleinen Inseln – Föhr oder Juist, das fände ich schön.

Ich stamme aus Hamburg und mag die frische Luft und die Leute und das Spazierengehen am Strand und am Watt. Ich würde Klaus das gerne zeigen, aber er ist überhaupt nicht offen dafür. Außerdem würde das auch nicht so viel kosten.

Am meisten ärgert mich, dass Klaus es einfach bestimmt hat, ohne mit mir darüber zu reden; solche Sachen macht er im Büro auch oft. Heute müssen wir entscheiden, wie es werden soll – sonst kriegen wir nix Gescheites mehr, hat das Reisebüro gesagt."

Siehe Seite 30

31

3.2.1 Auswertung für Rollenspiele – Was die Beobachter beobachten können

→ Was war der Konflikt oder waren es mehrere?

→ Wie sind die Personen miteinander umgegangen? (nachsichtig / herrsch-süchtig / humorvoll ...)

→ Haben sie sich konstruktiv auseinander gesetzt oder gestritten?

→ Welche Gefühle habe ich wahrgenommen?

→ Wahrgenommene Chancen / verpasste Chancen?

→ Um was ging es eventuell noch? Verborgenes?? Tabuthemen??

→ Wer wollte unbedingt Recht haben und warum?

→ Hat jemand gewonnen?

→ Habe ich Partei ergriffen? Wessen und warum?

→ Wo habe ich mich wiedererkannt?

→ Fühle ich mich an etwas erinnert, und was löst das in mir aus?

4. Der Weg aus dem Begriffsdschungel

4.1 Definition von Konflikt – Auseinandersetzung – Streit

STRUKI liest vor: In der Auswertung für das Rollenspiel haben wir gefragt: Was war der Konflikt oder waren es mehrere? Haben sich Hanna und Klaus konstruktiv auseinander gesetzt oder haben sie gestritten?

Vermutlich waren Sie sich nicht unbedingt einig, was Auseinandersetzung und was Streit war. Das ist kein Wunder, denn eine genaue Unterscheidung zwischen Konflikt, Auseinandersetzung und Streit wäre eine potenzielle Aufgabe für ein „sozio-psycho-linguistisches Oberseminar"!! Auf dessen Ergebnis konnten wir aber nicht warten, und da wir bei der Arbeit in der *Streitschule* deutlich zwischen abträglichen und zuträglichen Verhaltensweisen unterscheiden wollten, haben wir uns auf folgende Definitionen geeinigt:

Konflikt:

Ein Konflikt besteht, wenn Handlungen, Bedürfnisse, Interessen, Wünsche, Erwartungen oder Gefühle von zwei Menschen oder Gruppen im Widerspruch zueinander stehen und aufeinander prallen.

Konflikte sind keine Tätigkeit – sie sind!

Auseinandersetzung:

Auseinandersetzung heißt, die eigenen Wünsche, Bedürfnisse, Interessen, Erwartungen und Meinungen darzustellen und die des Konfliktpartners anzuhören, zu respektieren, mit den eigenen zu vergleichen und abzuwägen.

Streit:

Streiten bedeutet, dass ein Mensch oder eine Gruppe offen oder versteckt, verbal oder physisch versucht, dem anderen die eigene Meinung oder Überzeugung aufzuzwingen.

Konflikte sind ein natürliches und normales Ergebnis der Tatsache, dass Menschen unterschiedlich sind. Die Frage, wie wir mit dieser Unterschiedlichkeit umgehen, entscheidet, ob wir uns auseinandersetzen oder ob wir uns streiten.

Wenn wir die Unterschiedlichkeit respektieren, sie interessant und vielleicht sogar bereichernd finden, können wir uns im Konfliktfall mit dem auseinander setzen, was am anderen anders ist.

Wenn wir diese Unterschiedlichkeit als ärgerlich, lästig, störend oder gar bedrohlich empfinden, versuchen wir, den anderen zu überzeugen, zu belehren, zu ändern oder zu besiegen. Wir finden unsere Meinung „besser, moralischer, wichtiger, brauchbarer" und wollen „Recht haben" – wir streiten!

So weit die Klärung der Begriffe, wie wir sie in der *Streitschule* verwenden.

So negativ wie „Streit" hier definiert ist, werden Sie sich vielleicht fragen, warum Sie die *Streitschule* machen! Nun: Ganz egal wie friedfertig, kommunikationsfreudig, respektvoll, fair und gesprächsbereit Sie selbst auch sein mögen, so treffen Sie doch ununterbrochen auf Streithähne, Streitlust, Aggression und heftige Übergriffe.

In der *Streitschule* lernen Sie daher, streitbaren Energien so zu begegnen, dass Sie Ihr Gegenüber nicht weiter reizen, aber auch nicht darauf verzichten, Ihre eigenen Meinungen, Bedürfnisse und Interessen klar darzustellen und zu vertreten. Sie werden streitkompetent und auseinandersetzungsfreudig. Damit Sie immer im Auge haben, was persönliche und soziale Kompetenz im Konfliktfall ausmacht, können Sie sich die „KOKO"-Liste von Seite 133 an den Kühlschrank hängen.

Vielleicht hat mittlerweile jemand in Ihrer Gruppe laut protestiert, weil er im gelegentlichen Zoff und Streit auch positive Aspekte sieht: „Man kann mal Dampf ablassen, in der Übertreibung wird manches deutlicher, man kann auch mal ungeniert Emotionen ausleben oder das eigene dramatische Talent vorführen."

Für manche Menschen ist so ein Streit wie ein reinigendes Gewitter, und ihre Beziehungen tragen das auch. Denken Sie an das „Beziehungskonto"! (Seite 39f). In einer gewitterfesten Beziehung wissen beide Partner, wie es um ihre Konten steht und ob sie sich Blitz und Donner leisten können.

4.2 Arbeitsblatt:
Suchen Sie den Konflikt

STRUKI liest vor: Jedem Streit liegt mindestens ein Konflikt zugrunde. Manchmal ist der eigentliche Konflikt gar nicht mehr sichtbar, weil das Streitgeschehen längst auf Ebenen geführt hat, auf denen die Unterschiedlichkeit im Wollen, Fühlen und Handeln nicht mehr erkannt und respektiert werden kann.

Beispiel:
....

Georg hat seinen Ehering verloren. Seine Frau Elisabeth tobt, macht ihm Vorwürfe, schimpft und heult deswegen. Georg findet das Ganze gar nicht so dramatisch und schlägt vor, einfach neue Eheringe zu kaufen. Georg und Elisabeth streiten heftig wegen des verlorenen Ringes. Der eigentliche Konflikt ist aber die unterschiedliche Vorstellung davon, welche Symbolik in diesen Ringen steckt.

Bilden Sie jetzt Dreiergruppen. Reihum erzählt jeder einen Streit, den er kürzlich erlebt hat (im Büro, im Verein, zu Hause ...). Finden Sie gemeinsam heraus, was der Konflikt war: Was war die Unterschiedlichkeit im Wollen, Fühlen oder Handeln? Sie haben dafür 15 Minuten Zeit. STRUKI ruft danach wieder in die große Runde. Eventuelle Fragen werden geklärt.

5. „Ja", sagte sie, „aber ..."

5.1 Auf der Lauer liegen

STRUKI liest vor: Sie haben als Letztes versucht, anhand realer Beispiele zu klären, welche Konflikte einem Streit zugrunde liegen können. Vermutlich haben in Ihrer Diskussion die meisten Antworten mit den immer gleichen Worten begonnen: „Ja, aber ..." Das vermuten wir deshalb, weil „Ja, aber ..." ein zentraler Teil unseres Wortschatzes ist. Kaum fängt jemand an, uns etwas zu erzählen, beginnen wir im Geiste eine Antwort zu formulieren, die meistens mit den Worten „Ja, aber ..." beginnt. Wir sind völlig mit der Gestaltung unserer Antwort beschäftigt und vergessen darüber, aufmerksam zuzuhören.

„Ja, aber ..." kann natürlich auch Ausdruck eines wachen Widerspruchsgeistes sein, meist ist es aber ein Hinweis darauf, dass wir primär auf der Lauer liegen: Wir wollen die Argumente des anderen widerlegen und zeigen, dass wir etwas Besseres oder Wichtigeres zu sagen haben.

Beispiel:

→ Otto: „Du, ich habe gehört, der neue Film mit Julia Roberts soll so toll sein. Ich möchte den heute Abend sehen."

→ Heidi: „Ja, aber mein Auto ist in der Werkstatt, und stell dir vor, ich brauche neue Bremsen, und der Mechaniker meint ..."

Oder:

→ Waltraud: „Ich mache mir Sorgen um meine Katze, sie ist seit gestern so apathisch, hoffentlich hat sie nicht im Park irgendwelches Gift erwischt ..."

→ Sebastian: „Ja, aber gestern war eh ein Misttag, mir ist auch so vieles schief gegangen. Stell dir mal vor, der Michael hat ..."

Diese und ähnliche Formen von „Ja, aber" vermitteln nicht das Gefühl gehört oder verstanden zu werden; sie schaffen Frustrationen und führen daher leicht zu Streit.

Da diese Grundhaltung der Antwortlauer so weit verbreitet ist, möchten wir Ihnen mit der nächsten Übung Gelegenheit geben auszuprobieren, was geschieht, wenn Sie stattdessen eine „Ja genau"-Haltung einnehmen. Viel Vergnügen mit dem Arbeitsblatt: „Ja genau!"

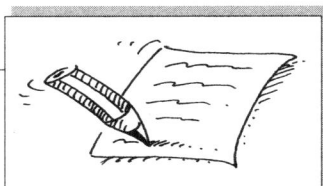

5.2 Arbeitsblatt: „Ja genau"

STRUKI liest vor: Setzen Sie sich in einen Kreis! Einigen Sie sich auf eine der folgenden absurden Thesen:
1. Die öffentlichen Schwimmbäder sollten nur im Winter offen sein.
2. Der Kölner Dom sollte auch nach Berlin umziehen.
3. Der Osterhase sollte Weihnachtsgeld kriegen.
4. Die Genforschung sollte dafür sorgen, dass Männer auch gebären können!

→ Wenn Sie sich geeinigt haben, anhand welcher These Sie üben möchten, macht STRUKI den Anfang und sagt z.B.: „Ich finde, der Kölner Dom sollte auch nach Berlin umziehen."
→ Der Nachbar spinnt die Idee weiter und sagt: „Ja genau, an die Stelle des alten Schlosses in Berlin!"
→ Der Nächste macht weiter, und zwar mit den Worten: „Ja genau ..."
→ Keine Angst vor Blödsinn, je absurder, desto amüsanter; es geht um die Offenheit, eine Idee im Augenblick aufzunehmen und weiterzuspinnen. Sie können nicht wissen, was kommt, also können Sie auch nicht auf der Antwortlauer liegen.
→ Vergnügen Sie sich damit, was für eine Geschichte daraus entstehen kann, wenn Sie nicht blockieren!
→ Sie können das Spiel mit einem zweiten Thema wiederholen.

„Ja genau", danach ist Zeit für eine Pause.

6. Selbstklärung oder: Was ich mir so alles denke ...

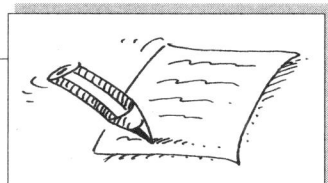

6.1 Arbeitsblatt: Die persönliche Liste

STRUKI liest vor: Sie sind vermutlich nicht nur aus Bildungshunger oder theoretischem Interesse in der Streitschule. Wir vermuten, dass Sie diese Zeit auch investieren, um etwas für das praktische Miteinander an Ihrem Arbeitsplatz oder in privaten Beziehungen zu lernen.

Daher wird es nun auch sehr real und persönlich. Sie dürfen mit sich schonungslos ehrlich sein. Das, was Sie in dieser Übung zu Papier bringen, sehen nur Sie!

Überlegen Sie sich drei wichtige Beziehungen in Ihrem Leben, in denen es ernsthafte Konflikte oder Streit gibt oder gegeben hat.

Lassen Sie Ihren Blick ganz ohne Scheuklappen schweifen; es kann ein feindseliger Kollege sein, ein nervender Nachbar, eine abweisende Schwester – es muss nicht Ihr Lebenspartner sein!

Notieren Sie sich auf einem Extrablatt die Antworten auf die folgenden Fragen:
→ Wo geht es mir in diesen Beziehungen wirklich gut, wodurch fühle ich mich bereichert?
→ Was genau sind die Konflikte? (unterschiedliches Wollen, Fühlen, Handeln!)
→ Sind aus manchen Konfliktfeldern Tabuthemen entstanden?

→ Wo ist aus diesen Konflikten schon Streit entstanden?

→ Wo habe ich das Gefühl, die Situation wirklich nicht beeinflussen zu können?

→ Wo sehe ich Handlungsbedarf – Möglichkeiten –, wo würde ich gerne etwas verändern?

Sie haben für diese Liste 15 Minuten Zeit. Bitte nehmen Sie dieses Blatt dann zu Ihren Arbeitsblättern. Sie werden es im Laufe der Streitschule noch öfter brauchen.

6.2 Mein Haus – Dein Haus

STRUKI malt an der Flipchart ein großes Haus (siehe unten). STRUKI fordert alle auf, sich einen bequemen Platz zu suchen und liest den folgenden Einführungstext vor:
Stellen Sie sich vor, dass jeder Mensch ein ganzes Haus voller Werte, Erfahrungen und Prägungen, Überzeugungen und Gefühle hat. In diesem Haus ist alles, was uns sozial, psychisch, emotional und mental ausmacht. Es füllt sich mit den Jahren teils mit Schönem, Nützlichem, Sinnvollem, aber auch mit Unnützem, Schwerem, nicht Verdautem und Geheimnisvollem.

Der Inhalt dieses Haus bestimmt unser sichtbares Verhalten, gerade im Umgang mit Konflikten.

Bei der Geburt ist dieses Haus noch ziemlich leer. Tag für Tag füllt es sich mit ganz individuellen Erfahrungen. Dazu kommen Prägungen aus dem Elternhaus und dem immer größer werden sozialen Umfeld wie Schule, Freunde, Kirche, Beruf usw.

Etwas verborgen findet sich in diesem Haus auch all das, was wir in der *Streitschule* unter dem Sammelbegriff „Werte" zusammenfassen. Darunter verstehen wir zum einen die klassischen Tugenden wie Mut, Mitgefühl, Disziplin, Ehrlichkeit oder Fairness, zum anderen menschliche Grundbedürfnisse wie Sicherheit oder Geborgenheit und individuelle Bedürfnisse wie z.B. Freiheit, Fröhlichkeit, Harmonie oder Kreativität.

Diese Werte übernehmen wir zum Teil im Rahmen unserer familiären Prägungen, andere erlangen ihre Bedeutung für uns durch spätere Erfahrungen.

Jedem Menschen können andere Dinge wichtig sein, und die gleichen Werte können ganz unterschiedlich besetzt und gewichtet sein. Unsere persönlichen Werte nehmen wir bewusst oder unbewusst sehr ernst. Wir wollen sie verwirklichen, schützen oder verteidigen.

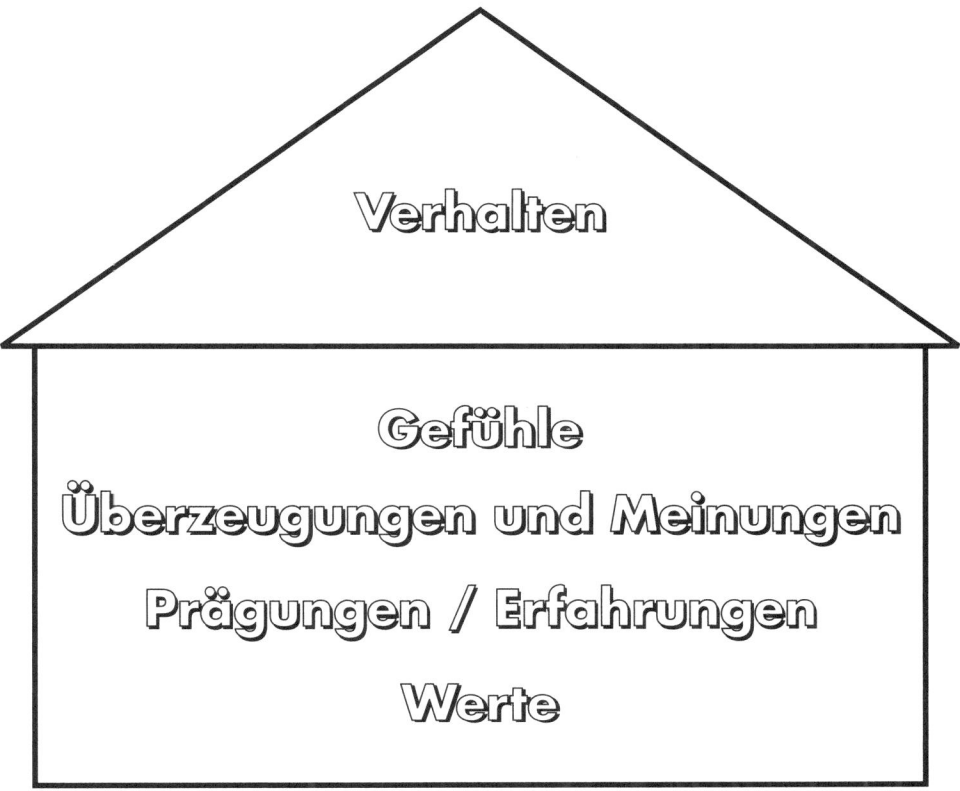

Unsere Werte, Prägungen und Erfahrungen bestimmen unsere Überzeugungen.

So kann der eine Mensch z.B. zu der Überzeugung gelangt sein, Vertrauen lohne sich grundsätzlich, während der andere felsenfest glaubt, Vertrauen sei gefährlich und die Enttäuschung programmiert. Diese unsere Werte, Prägungen, Erfahrungen und Überzeugungen bestimmen unsere Gefühle. Klingt das jetzt alles sehr verwirrend?

Keine Bange, wir gehen das Schritt für Schritt im Detail durch. Für die Klärung Ihres Konfliktverhaltens ist es hilfreich und notwendig zu wissen, was sich in Ihrem eigenen Haus angesammelt hat:

Nehmen Sie jetzt ein Blatt Papier und einen Stift. Wir führen Sie jetzt durch die verschiedenen Zimmer Ihres Hauses, und Sie möblieren diese mit Werten, Erfahrungen, Prägungen, Überzeugungen oder Gefühlen – was auch immer Ihnen einfällt. Sie haben dafür pro Zimmer fünf Minuten Zeit.

➜ *Wir fangen im Kinderzimmer an:*
Was war in Ihrer Kinderzeit besonders prägend? Welche Sätze haben Sie am häufigsten gehört? Wie war es, sich mit den Geschwistern zu streiten? Wie war es, Junge oder Mädchen zu sein?

➜ *Gehen wir in die Bibliothek:*
Darin ist alles, was Sie gelernt haben. Was bedeutet Ihnen Ihr Wissen, Ihre Ausbildung? Woher kommen Ihre Denkvorlieben?

➜ *Das Herrenzimmer / Damenzimmer:*
Welche Vorstellung haben Sie von Ihrer Rolle als Mann / Frau? Was ist für Sie eine „gute Mutter", ein „guter Vater"? Welche Aufgaben haben Sie in der Gesellschaft? Wo sitzt die Autorität?

➜ *Es folgt das Esszimmer:*
Was denken Sie über Manieren, Essgewohnheiten, eigene oder fremde Sitten?

➜ *Wir kommen ins Wohnzimmer:*
Tradition, Stil, Gewohnheiten, Rituale, Familienfeste, Familiengeschichte ... Vorstellungen von Gemütlichkeit oder Repräsentation ...

➜ *Es gibt auch eine Hauskapelle:*
Darin ist alles, was Religion, Spiritualität, Moral und Ethik für Sie bedeuten.

➜ *Gehen wir in die Küche:*
Ist sie ein Ort der Geborgenheit oder lästiger Pflicht? Wie stehen Sie zu Vorratshaltung oder Improvisation? Gesundheit oder Genuss?

➜ *Als Nächstes das Badezimmer:*
Wie stehen Sie zu Ihrer Körperlichkeit (nackt oder angezogen in die Badewanne?)

➜ *Im Schlafzimmer:*
Ihre Assoziationen zu Sexualität, Erotik?

➜ *Schauen wir das Haus noch mal von außen an:*
Ist Ihr Haus einladend, abweisend oder verschlossen?

STRUKI liest weiter: Wenn Sie sehen, wie viele unterschiedliche und zum Teil widersprüchliche Aspekte Ihr Haus aufweist, sind Sie vermutlich überrascht. Das ginge ja noch, aber all Ihre Mitmenschen tragen ein ähnlich komplexes Haus mit sich herum, und jedes ist ganz anders! Jedes Haus ist für seinen Besitzer kostbar! Niemand möchte, dass sein Haus missachtet oder gar angegriffen wird. Und dennoch geschieht genau dies in jedem Streit.

Suchen Sie sich einen Partner. Sprechen Sie kurz miteinander darüber, was Sie in den Zimmern gefunden haben, das in Ihrem heutigen Leben eine Rolle spielt. Sie haben dafür 15 Minuten Zeit.

STRUKI ruft alle wieder zusammen und liest vor: Bevor Sie endgültig entscheiden, wie Sie zu Ihrem Haus heute stehen, sollten Sie die Inhalte einer noch genaueren Prüfung unterziehen.

Beginnen wir mit den Werten. Nehmen Sie dazu das *Arbeitsblatt: Meine Werte.*

6.3 Arbeitsblatt:
Meine Werte

STRUKI liest Schritt für Schritt vor:

Schritt 1: Gehen Sie im Geiste durch Ihr Haus und kreuzen Sie spontan die Werte an, die Ihnen wichtig sind. Wenn Sie noch andere Werte finden, schreiben Sie diese dazu.

Schritt 2: Kreisen Sie die Werte ein, die sich in Ihrem Verhalten zeigen.

Schritt 3: Machen Sie ein Sternchen für die Werte, die Sie von anderen gelebt sehen möchten.

Schritt 4: Sind darunter Werte, die häufig Konfliktthema sind? (z.B. Pünktlichkeit …)

Sparsamkeit	Zuverlässigkeit
Großzügigkeit	Verbindlichkeit
Vertrauen	Rücksicht
Fülle	Verzeihen
Bescheidenheit	Herausforderung
Selbständigkeit	Verschwiegenheit
Wahrhaftigkeit	Pünktlichkeit
Zusammenhalt	Ordnung
Loyalität	Mitgefühl
Ehrlichkeit	Nähe
Offenheit	Distanz
Lebensplanung	Beharrlichkeit
Improvisationslust	Phantasie
Akzeptanz	Geradlinigkeit
Selbstverwirklichung	Fürsorglichkeit
Tradition	Individualität
Gemeinschaftssinn	Originalität
Toleranz	Bildung
Standfestigkeit	Pflichterfüllung
Humor	Gehorsam
Gelassenheit	Disziplin
Tapferkeit	Widerspruchsgeist
Mut	Nachsicht
Spontaneität	Leichtigkeit
Besonnenheit	Ernsthaftigkeit
Konfliktfähigkeit	Prinzipientreue
Geborgenheit	Großmut
Respekt	Treue
Freiheit	Familie
Veränderung	Harmonie

Danach ruft STRUKI wieder alle in die große Runde. STRUKI bittet jeden, drei ihm wichtige Werte zu nennen und schreibt diese an die Flipchart. Freuen Sie sich über die Unterschiedlichkeit, und lassen Sie diese ohne Diskussion so stehen.

6.4 Überzeugungen

STRUKI liest vor: Führen wir die Selbstklärung noch ein Stück weiter. Sie wissen schon, dass die Werte, Prägungen und Erfahrungen sehr individuell sind. Nun schauen Sie nach, welche Überzeugungen sich in Ihrem Hause finden.

Diese Überzeugungen sind aus Ihren persönlichen Prägungen und Erfahrungen erwachsen. Sie sind Ausdruck Ihrer Vorstellung davon, wie die Welt ist oder sein sollte. Und wieder gilt: Sie können vollkommen unterschiedlich sein!

Wenn diese unterschiedlichen Überzeugungen aufeinander prallen, entsteht ein Konflikt. Wenn man sich nicht darüber im Klaren ist, dass es sich um zwei subjektive Überzeugungen aus den Erfahrungen zweier unterschiedlicher Leben handelt, kann leicht Streit entstehen.

Je besser wir unsere eigenen Überzeugungen kennen, desto klarer werden wir sie darstellen können und desto mehr Respekt können wir zugleich für die fremden Überzeugungen aufbringen.

Jedes Mal, wenn Sie sagen: „Ich finde, dass ..." oder „Man sollte ..." oder „Man muss doch ..." oder „Man darf nicht ...", äußern Sie ein Stück Ihrer persönlichen Weltsicht, eine Ihrer Meinungen oder Überzeugungen. Vieles, das wie eine objektive Aussage daherkommt, entpuppt sich bei näherer Betrachtung als durchaus subjektive Wertung.

Wir geben Ihnen einige Beispiele für Überzeugungen, die viele Menschen teilen, deren Gegenteil aber genauso gelten kann. Was gilt für Sie??
→ Ordnung ist das halbe Leben – Hoch lebe das kreative Chaos!
→ Im Grunde genommen ist der Mensch immer allein.
→ Man darf seine Meinung nicht ändern.
→ Wenn man sich immer bedeckt hält, kann einem nichts passieren!
→ Vorsicht ist besser als Nachsicht.

6.5 Arbeitsblatt:
Weil ich finde, glaube, meine ...

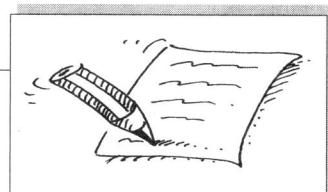

Nehmen Sie sich jetzt ein Blatt Papier und einen Stift. Suchen Sie sich einen Partner. Gehen Sie zusammen auf Inspektionsreise durch Ihr Haus und finden Sie heraus, welche Überzeugungen Ihnen aus den Werten, Erfahrungen und Prägungen der verschiedenen Lebensbereiche erwachsen sind. Orientieren Sie sich an den Zimmern. Das könnte z.B. für Ihre Küche so heißen: „Ich finde, man sollte immer genügend Vorräte haben. Essen muss vor allem gesund sein." Oder: „Man sollte regelmäßig essen (oder nur dann, wenn man Hunger hat)." Oder: „Küchenarbeit sollte man so schnell wie möglich hinter sich bringen." Oder: „Die Küche ist die Seele des Hauses ..." oder, oder, oder.

Wenn Sie auf wichtige Überzeugungen stoßen, schreiben Sie diese auf. Diskutieren Sie mit Ihrem Partner nicht über die „Richtigkeit" Ihrer oder seiner Überzeugungen. Sie haben dafür 15 Minuten Zeit.

Auswertung

STRUKI ruft die Gruppe wieder zusammen: Fragen an alle: „Gab es Überraschungen in Ihrem Haus? Haben Sie Überzeugungen gefunden, die eine Bereicherung für Ihr Leben sind? Sind Sie auf Überzeugungen gestoßen, die Ihnen das Leben schwer machen?"

6.6 Arbeitsblatt: Durch welche Brille sehe ich die Welt?

STRUKI liest vor: Sie kennen nun viele der Überzeugungen in Ihrem Haus. Möglicherweise sind allerdings manche Themen, die für die Streitschule wichtig sind, nicht aufgetaucht. Bitte ergänzen Sie daher die Sätze auf diesem Arbeitsblatt. Sie haben dafür 30 Minuten Zeit.

Veränderung bedeutet für mich ...
Erfolg im Leben heißt, dass ...
Sicher fühle ich mich, wenn ...
Ein Freund ist ...
Zuverlässigkeit heißt für mich, dass ...
Geld ist für mich ...
Verzeihen kann ich dann, wenn ...
Die Welt ist ...
Für mich sind Auseinandersetzungen ...
Überzeugungen muss man ...
Nicht akzeptieren kann ich bei Menschen, wenn ...
Wenn man sich fremd fühlt, muss man ...
In Konflikten ist es besser, wenn man ...
Nähe entsteht durch ...
Unter Fairness verstehe ich ...
In Beziehungen brauche ich ...
Toleranz heißt ...
Respekt habe ich für ...
Vertrauen erwarte ich ...
Meine Arbeit bedeutet für mich ...

STRUKI ruft alle wieder in die große Runde. Reihum liest jeder eine seiner Überzeugungen vor, keine Diskussion – nur Verständnisfragen! STRUKI passt auf!

Hinweis: Im Anhang finden Sie hierzu ein weiteres *Arbeitsblatt: „Fragen an mich selbst"*

6.7 Arbeitsblatt:
Der Stachel

STRUKI liest vor: Auf Ihrem Weg durch Ihr Haus sind Sie vielleicht auch auf Sätze gestoßen, die Sie in Kindertagen gehört haben und die Ihnen heute noch zu schaffen machen, vielleicht sogar wie ein Stachel in Ihrem Fleisch sitzen. Damit meinen wir Sätze wie:

→ „Du bist nicht so wichtig, spiel dich nicht so auf!"
→ „Das Leben ist kein Spaß."
→ „Ein Indianer kennt keinen Schmerz."
→ „Der Klügere gibt nach!"

1. Suchen Sie sich einen Partner.
2. Finden Sie solche Stachel, wenn es welche gibt.
3. Wo sitzen die Stachel, und wie wirken sie in Ihrem Leben?
4. Nehmen Sie eine Pinzette, ziehen Sie die Stachel heraus und suchen Sie mit Ihrem Partner nach einer „Heilsalbe", z.B.:
   → Ich bin der wichtigste Mensch in meinem Universum …
   → Mein Leben darf mir Spaß machen …
   → Meine Gefühle sind in Ordnung, und ich darf sie zeigen.
   → Meine Bedürfnisse sind genau so wichtig wie die der anderen.
5. Hängen Sie sich diesen Satz an den Spiegel, bis die Wunde geheilt und der neue Satz zu einer neuen Überzeugung geworden ist.
6. STRUKI ruft die Gruppe wieder zusammen.

6.8 Meine Konflikte und ICH!

STRUKI liest vor: Sie haben Ihr eigenes Haus jetzt erkundet. Ihre Werte, Prägungen und Überzeugungen haben einen Platz gefunden. Wie unterschiedlich die Häuser sind, haben Sie gesehen.

Ebenso unterschiedlich sind unsere Reaktionen auf Konflikte. Je nach Erfahrungen, Erlebnissen und Temperament löst schon die Vorstellung eines Konflikts außerordentlich individuelle Reaktionen aus.

Schauen Sie sich folgenden Konflikt an: Christian ist passionierter Bergsteiger, beruflich aber derzeit extrem eingespannt. Den ganzen Sommer über hat es immer, wenn er mal Zeit gehabt hätte, geregnet. Endlich ist an diesem Wochenende wunderbares Wetter, und er möchte unbedingt in die Berge. Seine Frau Isabelle hat ihrer Tante, die ihnen bei der Finanzierung des Hauses sehr geholfen hat, schon ewig versprochen, sie dieses Wochenende zu besuchen. Die Tante lebt alleine und freut sich schon riesig, ihre einzige Nichte und deren Mann zu sehen. Sie möchte auch etwas mit ihnen besprechen.

Versetzen Sie sich kurz in Christians oder Isabelles Rolle und überlegen Sie, wie Sie sich bei dem Gedanken an diesen Konflikt fühlen:

Wäre dieser Konflikt für Sie eher: Ein Drama? Eine Herausforderung? Eine Bühne? Oder: Schlimm? Gefährlich? Zerstörerisch? Verunsichernd?

→ STRUKI geht an die Flipchart und schreibt alle Ihre unterschiedlichen Reaktionen auf. Es geht hier nicht drum, was Sie nun machen würden, sondern um Ihre Einstellung zu Konflikten.

STRUKI liest weiter: Die Einstellung, die Sie zu Konflikten haben, wird Ihr Verhalten in der konkreten Situation bestimmen:
→ Wenn Sie Konflikte als etwas Bedrohliches ansehen, könnte es sein, dass Sie auf der Stelle nachgeben.

50

→ Wenn Sie Konflikte als aufregend ansehen, könnte es sein, dass Sie sich mit Wonne ins Drama stürzen.

→ Wenn Sie sich durch den Konflikt verunsichert fühlen, könnte es passieren, dass Sie den Konflikt nicht austragen und die Diskussion so lange hinausschieben, bis das Wetter umschlägt oder die Tante total verärgert ist.

Übung:

Suchen Sie sich einen Partner. Besprechen Sie anhand von zwei ganz realen Konflikten aus Ihrem Leben, welche Einstellungen Sie zu diesen Konflikten haben. Bitte ergründen Sie wirklich nur die Einstellung, auf die „Streitmuster" kommen wir später. Sie haben dafür zehn Minuten Zeit.

6.9 Wenn Gefühle ins Spiel kommen

STRUKI liest vor: Bleiben wir beim Konflikt „Berge oder Tante".

Christian und Isabelle könnten friedlich und konstruktiv über ihre unterschiedlichen Meinungen und Interessen sprechen. In dem Augenblick aber, in dem einer dem anderen seine Überzeugung oder Meinung überstülpen und unbedingt gewinnen will, wird aus dem Konflikt schnell Streit.

Wenn Isabelle sagt: „Lass uns heute zu Tante Erna fahren", und Christian sagt: „Ich möchte in die Berge", äußern beide ihr Bedürfnis. Ihre unterschiedlichen Bedürfnisse sind der Konflikt.

Wenn Isabelle sagt: „Der Tante geht es nicht gut, sie wäre sehr enttäuscht, wenn wir nicht kämen", und Christian sagt: „Mir geht es auch nicht gut, ich muss mal raus aus der Stadt", hat die Auseinandersetzung begonnen. Diese Auseinandersetzung wird in dem Augenblick Streit werden, in dem starke Gefühle ins Spiel kommen.

Dann sagt Isabelle: „Kannst du nicht einmal an jemanden anderen als dich selber denken!" Und Christian antwortet: „Dir geht es doch gar nicht um Tante Erna. Du willst dich doch nur einschmeicheln."

Gegenseitig haben Christian und Isabelle nun auf Knöpfe gedrückt. Solche Knöpfe hat jeder von uns. Wenn uns bestimmte Gefühle oder Verhaltensweisen unterstellt werden, die wir nicht wahrhaben wollen oder die tatsächlich nicht vorhanden sind, gehen wir buchstäblich in die Luft, kapseln uns ab oder schlagen zurück, indem wir unsererseits Knöpfe drücken.

Um Ihre eigenen empfindlichen Knöpfe zu finden, nehmen Sie bitte das *Arbeitsblatt „Meine Knöpfe"*.

Diese Form der Selbstklärung ist aus unserer Sicht eine unverzichtbare Voraussetzung, um Auseinandersetzung zu ermöglichen und Streit zu vermeiden.

6.10 Arbeitsblatt:
Meine Knöpfe

STRUKI liest vor: Diese Übung dient dazu, den Zusammenhang zwischen Gefühlen und Überzeugungen bewusst zu machen.

Bitte beantworten Sie die folgenden Fragen anhand von je einem Beispiel aus Ihrem Leben. Sie haben dafür 20 Minuten Zeit.

Beispiel:

Ich werde stinksauer, wenn meine Kollegin bei jedem Schnupfen zu Hause bleibt. (= mein Gefühl) Warum? Weil ich finde, dass es ohne ein bisschen Selbstdisziplin nicht geht im Leben. (= meine Überzeugung)

→ Es macht mich fassungslos, wenn …
   Warum? Weil ich finde, denke, glaube, dass …

→ Ich vermeide Situationen, in denen …
   Warum? Weil ich finde, denke, glaube, dass …

→ Neidisch werde ich, wenn …
   Warum? Weil ich finde, denke, glaube, dass …

→ Ich fühle mich abgelehnt, wenn …
   Warum? Weil ich finde, denke, glaube, dass …

→ Zutiefst verachte ich es, wenn ...
  Warum? Weil ich finde, denke, glaube, dass ...

→ Ich entwickle Selbstmitleid, wenn ...
  Warum? Weil ich finde, denke, glaube, dass ...

→ Ich bin vollkommen verzweifelt, wenn ...
  Warum? Weil ich finde, denke, glaube, dass ...

→ Ich werde ungeduldig, wenn ...
  Warum? Weil ich finde, denke, glaube, dass ...

→ Ich bin misstrauisch, wenn ...
  Warum? Weil ich finde, denke, glaube, dass ...

STRUKI ruft alle wieder in die große Runde:

Auswertung:

1. Welche Ihrer Überzeugungen sind hochexplosiv?
2. Soll das so bleiben?
3. Können oder wollen Sie daran etwas ändern?

6.11 Gefühls-Chaos

STRUKI liest vor: Sie haben gesehen, dass unsere Gefühle uns zu unseren Überzeugungen führen können. Oft ist es aber so, dass wir diese Gefühle gar nicht so genau wahrnehmen können oder wollen. Die Suche nach den Überzeugungen hinter den Gefühlen wird in manchen Situationen zu einer echten Herausforderung, denn Gefühle können vollkommen widersprüchlich sein.

Wir geben Ihnen ein Beispiel: Jutta hat Krach mit Armin, weil er bei einem Fest so lange mit einer anderen Frau getanzt hat. Bei genauem Nachspüren entdeckt sie viele Gefühle: Sie ist sauer, eifersüchtig, beleidigt, gekränkt, rachsüchtig und auch ein bisschen erleichtert.

Sie sucht nach Überzeugungen, die ihre Gefühle in dieser Situation erklären:
→ Ich bin sauer, weil ich finde, dass mir als seiner Freundin mehr Aufmerksamkeit zusteht.
→ Ich bin eifersüchtig, weil ich aus Erfahrung schon weiß, dass es so immer anfängt!
→ Ich bin beleidigt, weil ich sein Verhalten respektlos finde, und denke, dass in einer Beziehung ein Partner mehr Rücksicht auf den anderen nehmen und nicht nur nach seinem augenblicklichen Vergnügen schielen sollte.
→ Ich bin gekränkt, dass ich seine Aufmerksamkeit jetzt auch noch einfordern muss, statt dass er sie mir freiwillig gibt.
→ Ich bin rachsüchtig, weil ich finde, dass er mich vor unserer Clique bloßgestellt hat. Ich denke, dass ich mein Ansehen nur dadurch wieder herstellen kann, dass ich es ihm heimzahle.
→ Ich bin erleichtert, weil ich rechtzeitig gemerkt habe, dass er genau so ist wie alle anderen Männer.

So viele Gefühle, so viele Überzeugungen, hätten Sie das gedacht? Was glauben Sie, welche Werte aus Juttas Haus mit diesen Gefühlen und Überzeugungen verbunden sind?

STRUKI schreibt an der Flipchart mit ...

Um Ihnen die mögliche Fülle und auch Unterschiedlichkeit Ihrer eigenen Gefühle zu einem bestimmten Thema, einer Situation, einer Person spürbar zu machen, nehmen Sie jetzt die folgenden Arbeitsblätter *„Gefühlsvariationen"* und *„Gefühlsklärung"*.

6.12 Arbeitsblatt: Gefühlsvariationen

STRUKI liest vor: Um Gefühle mit realen Situationen zu verbinden, schlagen wir Ihnen die folgende Übung vor.

Vier oder fünf setzen sich zusammen. Einer liest vor. Jeder kann sagen, welche Gefühle er bei sich wahrnimmt. Alles ist erlaubt und wird respektiert. Von Zeit zu Zeit fragen: Warum fühlen Sie so?

Wie fühle ich mich ...
→ am Morgen meines Geburtstags?
→ wenn mir jemand ein persönliches Kompliment macht?
→ wenn ich jemandem helfe?
→ wenn mir jemand hilft?
→ wenn ich etwas richtig gut geschafft habe?
→ wenn ich einen Fehler mache?
→ wenn mir jemand droht?
→ wenn man mich übersieht?
→ wenn mich jemand vor allen anderen anschreit?
→ wenn ich beschuldigt werde, obwohl ich nicht schuld bin?
→ wenn ich zu einer Gruppe nicht richtig dazugehöre?
→ wenn mir jemand seine Freundschaft zeigt?
→ wenn mich jemand verrät?
→ wenn ich nicht weiß, wie es weitergehen soll?
→ wenn ich alleine dastehe mit meiner Meinung?
→ wenn mir jemand auf eine Frage nicht antwortet?
→ wenn mein Nachbar eingeladen wird, ich aber nicht?
→ wenn ich nett zu einem neuen Kollegen bin?
→ wenn ich irgendwo neu bin?
→ wenn ich mich nicht auskenne?
→ wenn ich grob war?

Auswertung:

Wie war es, mir diese Situation vorzustellen? Waren mir all diese Gefühle bekannt?

6.13 Arbeitsblatt: Gefühlsklärung

STRUKI liest vor: Suchen Sie sich für diese Übung einen Partner. Stellen Sie sich nun jeder einen bestimmten Menschen vor: Ihre Mutter – Geschwister – Partner – Kollegen ... Kreuzen Sie mit einem Bleistift spontan an, welche Regungen und Gefühle im Zusammenhang mit diesem Menschen in Ihnen anklingen. Lassen Sie auch Widersprüchliches zu! Sie haben dazu fünf Minuten Zeit.

Überlegenheit	Enttäuschung
Freude	Vertrautheit
Argwohn	Misstrauen
Wut/Ärger	Vergnüglichkeit
Vertrauen	Unterlegenheit
Hass	Heiterkeit
Angst	Distanz
Sicherheit	Fremdheit
Erleichterung	Unbehagen
Unzufriedenheit	Panik
Verwirrung	Kleinlichkeit
Ablehnung	Feigheit
Nähe	Rachsucht
Versagen	Eifersucht
Neugier	Euphorie
Frustration	Missgunst
Schmerz	Geborgenheit
Befriedigung	Zärtlichkeit
Erfolg	Minderwertigkeit
Neid	Liebe
Sympathie	Furcht
Klarheit	Trauer

Schuld	Gelassenheit
Einsamkeit	Scheu
Sehnsucht	Zurückweisung
Zufriedenheit	Ungeduld
Überheblichkeit	Dankbarkeit
Zerrissenheit	Ruhe
Selbstmitleid	Großzügigkeit
Verachtung	Mitleid
Berechnung	Mitgefühl
Verzweiflung	Zuversicht
Kraft	Ohnmacht
Gier	Bosheit
Geiz	Scham
Zuneigung	Hilflosigkeit
Mut	Nachsicht
Freiheit	Demut

STRUKI liest vor: Nun erzählen Sie Ihrem Partner von zweien der angesprochenen Gefühle oder Regungen – einem positiven und einem nicht so erfreulichen. Versuchen Sie gemeinsam den Überzeugungen und Werten auf die Spur zu kommen, die zu den Gefühlen für diesen Menschen gehören. Denken Sie an das Beispiel von Jutta und Armin, wovon eben die Rede war: „Ich fühle so, weil ich finde (glaube) ..." Lassen Sie sich Zeit – bis zu 20 Minuten.

Diese Liste können Sie immer dann verwenden, wenn Sie Ihre Beziehung zu einem anderen Menschen klären oder eine Situation besser verstehen wollen.

60

7. Absicht und Wirkung!

7.1 Die Waffenkammer

STRUKI liest vor: Sie haben sich mit Ihren Gefühlen, Überzeugungen, Werten und Einstellungen zu Konflikten beschäftigt. Sie beginnen nun zu erkennen, was die Grundlagen Ihres Verhaltens sind.

Da Sie vermutlich bei der Inspektion Ihres Hauses auch auf Erfahrungen und Überzeugungen gestoßen sind, die nicht zu konstruktivem und vernünftigem Verhalten führen, bitten wir Sie, noch einen weiteren Raum in Ihrem Haus anzuschauen. Wir nennen ihn „die Waffenkammer". Hier lagern allerhand Waffen, mit denen wir Konflikte zu regeln oder zu überstehen versuchen. Zu diesen Waffen gehören Verhaltensweisen wie:
→ Ironie
→ Klein machen
→ Selbstmitleid
→ Schuldzuweisungen
→ Zynismus
→ Rückzug
→ Mauern
→ Überheblichkeit
→ Vorwürfe
→ Intrigieren
→ Manipulieren
→ Überwältigen
→ Schmollen
→ und vieles mehr.

Versuchen Sie gemeinsam, zu jeder dieser Verhaltensweisen einen typischen Satz zu finden.

Beispiel:

→ *Schuldzuweisung:* „Immer hackst du auf mir rum ...“
→ *Klein machen:* „Das überblickst du doch gar nicht ...“

STRUKI liest vor: Vielleicht kommen Sie mit diesen Verhaltensweisen im Konfliktfall ab und zu ungestraft durch. Mindestens genauso häufig werden Sie aber damit einen ordentlichen Streit heraufbeschwören oder eine ohnehin schwierige Situation verschärfen.

Selbst bei bester Absicht bleiben diese Kommunikationsformen potenziell Waffen, denn Kommunikation ist nicht nur Absicht, sondern auch Wirkung!!

Was Sie selbst wollen, können Sie bei einem Spaziergang durch Ihr Haus erforschen. Was Sie allerdings im Haus des anderen auslösen, wissen Sie nicht. Es gibt jedoch bestimmte Äußerungen, die „zuverlässig *un*willkommen“ sind.

Lassen Sie uns zunächst die Wirkung solcher Äußerungen betrachten. Danach können Sie entscheiden, ob diese sich mit Ihrer Absicht decken.

Beispiel:

Sie machen sich Sorgen über die Ehe Ihrer Schwester. Sie sehen, dass Ihre Schwester oft ungehalten, ungeduldig oder gereizt auf ihren Mann Martin reagiert. Sie sagen: „Wenn ich du wäre, würde ich ganz anders mit Martin umgehen.“

Welche Wirkung könnte diese Äußerung auf Ihre Schwester haben? Ihre Schwester könnte sich ärgern, sich belehrt fühlen, sie als Moralpredigt, als Drohung, als Kritik, als Überheblichkeit, als Besserwisserei empfinden – sehr wahrscheinlich aber nicht als hilfreich. Als Folge würde Ihre Schwester sich – offen oder versteckt – dagegen wehren, sich zurückziehen oder Aggression entwickeln.

Frage: War das Ihre Absicht? War es das, was Sie erreichen wollten? Vermutlich nicht! Sie haben vielmehr das geschwungen, was wir eine „Streit-Keule" nennen.

Wir stellen Ihnen die zwölf „dicksten" Streit-Keulen auf dem nächsten Arbeitsblatt vor.

7.2 Arbeitsblatt:
Die 12 Streit-Keulen

STRUKI liest vor:
→ Sie sitzen in der großen Gruppe.
→ Reihum liest jeder einen Abschnitt vor und schwingt dann eine der zwölf Streit-Keulen.
→ Die Gruppe überlegt gemeinsam, wie es Ihnen als Empfänger dieser Keulen-Botschaft geht.
→ Der „Schwinger" hört sich nur an, was er mit dieser „Keule" bei den anderen auslöst.
→ Lassen Sie alle verschiedenen Reaktionen ohne Diskussion stehen, denn Sie wissen noch: Jedes Haus ist anders!
→ Schreiben Sie in Stichpunkten mit.

1. Die Kritik-Keule

Wenn wir die Kritik-Keule schwingen, heißt das, dass wir den anderen beschuldigen, be- oder ver-urteilen und kritisieren („Du bist faul …", „So geht das nicht …", „Das ist nicht gut genug …").

Beispiel:

Ich als Chef sage zu meinem Mitarbeiter: „Die Zahlen stimmen doch so nicht. Dieser Bericht ist völlig ungenau, aber das ist ja typisch für Sie!" – Was löst das beim Mitarbeiter aus? Was wollten Sie als Chef damit erreichen?

2. Die Trost-Keule

Sie steht für trösten, beruhigen, Mitleid zeigen („Klar, so ging es mir früher auch …", „Darum mach dir mal keine Sorgen …", „Es wird bestimmt wieder gut …").

....

Ich sitze mit meinem Freund Gert im Auto. Er findet, ich fahre zu schnell. Ich sage: „Du brauchst keine Angst zu haben, es passiert schon nichts!" – Was löst das bei Gert aus? Was wollte ich erreichen?

3. Die Zustimmungs-Keule

Sie steht für zustimmen und loben („Du packst das schon ...", „Sie haben das doch bisher auch immer alles geschafft ...").

Beispiel:
....

Ich als Vater sage zu meinem Sohn: „Wieso hast du Angst vor dieser Prüfung? Das schaffst du doch spielend, für dich ist doch Mathematik kein Problem." – Was löst das bei meinem Sohn aus? Was wollte ich als Vater erreichen?

4. Die Droh-Keule

Sie steht für drohen, mahnen, warnen („Jetzt reicht's aber, sonst ...", „Entweder Sie machen das freiwillig, oder ...", „Das war jetzt mein letztes Angebot ...").

Beispiel:
....

Ich als Lehrerin sage zu der 15-jährigen Schülerin: „Wenn du weiter so stinkfaul bist, bestelle ich deine Mutter in die Sprechstunde!" – Was löst das bei der Schülerin aus? Was wollte ich als Lehrerin erreichen?

5. Die Argumenten-Keule

Sie steht für belehren, mit Logik überzeugen, argumentieren („Warum versuchen Sie nicht ...", „Ja, aber ...", „Ich würde stattdessen vorschlagen ...").

Beispiel:

Ich sage als Oberschwester zu einem Zivi, der ungeschickt versucht, einen alten Mann zu füttern: „So wird das nie was, vielleicht sollten Sie mal zu Hause an Ihrer Oma üben." – Was löst das bei dem Zivi aus? Was wollte ich als Oberschwester erreichen?

6. Die Spott-Keule

Sie steht für spötteln, zurückziehen, ablenken (oft auch durch Körpersprache, Achselzucken, schiefes Grinsen – „Ja, ja, wahrhaft ein großes Drama ...", „Willst du die ganze Welt mit dieser Einsicht beglücken ...").

Beispiel:

Ich war mit meinem Freund Klaus im Kino, und wir haben einen problematischen Film gesehen. Die traurige Geschichte lässt ihn nicht los. Ich sage: „Du siehst aus, als trügest du das ganze Leid der Welt auf deinen Schultern. Lass uns über angenehmeren Sachen reden!" – Was löst das bei Klaus aus? Was wollte ich erreichen?

7. Die Analyse-Keule

Sie steht für interpretieren, analysieren, diagnostizieren („Was du damit wirklich sagen wolltest, ist ...", „Tatsächlich geht es dir doch um ...", „In Wirklichkeit bist du sauer, weil ...").

Beispiel:

In der WG sage ich zu Frank: „Wir sollen also jetzt alle putzen, weil deine Mutter kommt? Dein Problem ist, dass du Angst vor ihr hast, weil du dich noch nicht genügend abgenabelt hast von ihr." – Was löst das bei Frank aus? Was wollte ich vermutlich erreichen?

8. Die Bestimmer-Keule

Sie steht für bestimmen, befehlen („Du wirst jetzt ...", „Das hört auf ...", „Du musst sofort ...").

Beispiel:

In unserer Familie taucht die Frage auf, ob wir dieses Jahr mal statt des üblichen Familientreffens ein Fest mit Freunden feiern sollen. Ich sage als Mutter: „Kommt gar nicht in Frage, Weihnachten ist ein Familienfest und damit basta. Ich will auch keine Diskussion mehr darüber hören!" – Was löst das bei den anderen Familienmitgliedern aus? Was wollte ich als Mutter vermutlich erreichen?

9. Die Frage-Keule

Sie steht für ausfragen, verhören, forschen ohne wirkliches Interesse an der Antwort und mit dem eigentlichen Ziel, Vorwürfe zu machen. („Wie, warum, wozu, was soll denn das …").

Beispiel:

Zu einem Abendessen im Restaurant bringt mein Bruder seine neue Freundin mit. Am nächsten Morgen rufe ich ihn an: „Was hast du dir bloß dabei gedacht, die mitzubringen? Was findest du denn an ihr? Meinst du es etwa ernst mit ihr?" – Was löst das bei meinem Bruder aus? Was wollte ich vermutlich erreichen?

10. Die Moral-Keule

Sie steht für moralisieren, predigen, Verpflichtungen einklagen („Es gehört sich aber so …", „Du solltest wirklich …", „Du kannst doch nicht verantworten, dass …").

Beispiel:

Ich spreche mit meiner Schwester über unsere Mutter, die im Pflegeheim ist. Ich sage zu Anna: „Was hat Mutter alles für dich getan, und was tust du für sie? Du könntest wirklich mindestens jeden zweiten Tag zu ihr gehen." – Was löst das bei Anna aus? Was wollte ich vermutlich erreichen?

11. Die Überheblichkeits-Keule

Sie steht für beschimpfen, Etiketten verteilen, lächerlich machen („Ist ja gut, du Angsthase …", „Typisch für unsere Neunmalkluge …", „Und wegen so was regst du dich auf …").

Beispiel:

Ich sage als Vater zu meiner kleinen Tochter, die verzweifelt über den Tod ihres Hamsters schluchzt: „Hör auf zu heulen, ich kann dir aus Erfahrung sagen, in ein paar Jahren weißt du gar nicht mehr, dass du einen Hamster hattest!" – Was löst das bei meiner Tochter aus? Was wollte ich als Vater vermutlich erreichen?

12. Die Ratschlag-Keule

Sie steht dafür, Vorschläge zu machen, Ratschläge auszuteilen („Warum siehst du es nicht so …", „Ich würde dir jetzt dringend raten …", „das könntest du doch ganz einfach lösen, wenn du …").

Beispiel:

Meine Freundin Renate beschwert sich bei mir, dass sie so viel zu tun hat; dauernd muss sie Überstunden machen. Darauf sage ich: „Ich an deiner Stelle würde mich einfach weigern. Du solltest mal zur Geschäftsleitung gehen …" – Was löst das bei Renate aus? Was wollte ich vermutlich erreichen?

STRUKI liest vor: Hat jemand gestöhnt bei der Erkenntnis, dass so vieles als Übergriff empfunden wird? Hat jemand ein innerliches Schweigegelübde abgelegt? Ist die Frage aufgetaucht: „WIE man denn überhaupt WAS sagen könnte?" Die Antwort darauf finden Sie im nächsten Kapitel.

8. Ich-Botschaften

8.1 Wie sage ich's Frau Schmidt?

STRUKI liest vor: Sie haben zuletzt zwölf Möglichkeiten ausprobiert und betrachtet, Bedürfnisse, Interessen und Gefühle so vorzutragen, dass der andere sie entweder nicht verstanden hat oder sich dagegen gewehrt hat. Das nennt man Du-Botschaften!

Du-Botschaften sind grundsätzlich ein Übergriff in das Haus des anderen; sie sind häufig Attacke auf das Selbstwertgefühl und den Charakter des anderen Menschen. Sie kommen oft als offene oder versteckte Vorwürfe daher.

Wie könnten Sie sich so ausdrücken, dass ein anderer Mensch verstehen kann, worum es Ihnen geht und was Sie wollen, ohne dass Sie ihn angreifen? Eine geeignete Möglichkeit sind die so genannten „Ich-Botschaften". So nennt man in der Kommunikationspsychologie Mitteilungen, die dem anderen Einblick in die eigene Welt gewähren.

Beispiel:

Nehmen wir an, Sie brauchen Ruhe zum Arbeiten und um sich konzentrieren zu können. Ihre Kollegin im selben Büro braucht das offensichtlich nicht, denn sie hört bei der Arbeit Radio und schafft trotzdem alles. Das ist der Konflikt!

Sie wissen inzwischen, dass Sie höchstwahrscheinlich mit ihr in Streit geraten werden, wenn Sie Folgendes sagen: „Mein Gott, Frau Schmidt – so viel Egoismus und Rücksichtslosigkeit, wie Sie mit Ihrem furchtbaren Gedudel zeigen, fasse ich nicht. Da kann ja kein normaler Mensch arbeiten. Dies ist schließlich eine seriöse Firma, Sie sollten sich mal überlegen, ob Sie hierher passen!"

Da hätten Sie mehrere Streitkeulen gleichzeitig geschwungen und daraus eine vernichtende Du-Botschaft gemacht. Sie hätten Frau Schmidt damit gesagt, sie sei ein schlechter und Ihnen charakterlich und sozial unterlegener Mensch. Sie hätten ihr den Stempel aufgedrückt, nicht normal zu sein.

Frau Schmidt wäre bestimmt nicht entzückt, kooperativ oder lösungswillig. Sie aber wollen und brauchen zum Arbeiten mehr Ruhe. Sie müssen also mit Frau Schmidt reden. Aber wie?

Schauen wir uns Struktur und Geheimnis einer Ich–Botschaft an:
→ Sie bereiten die Basis für ein Gespräch.
→ Sie beschreiben möglichst konkret das Verhalten oder Geschehen, das Sie stört.
→ Sie benennen die Konsequenzen, die dieses Verhalten für Sie hat.
→ Sie sagen, welche Gefühle und Gedanken diese Situation in Ihnen auslöst.
→ Sie sagen, was Sie brauchen oder sich an Veränderung wünschen.
→ In unserem Beispiel könnte das so klingen: „Frau Schmidt, haben Sie einen Moment Zeit, ich möchte etwas mit Ihnen besprechen" (*d.h. Sie stellen sicher, dass Frau Schmidt kommunikationsbereit ist*). Sie sagen freundlich: „Ihr Radio

spielt den ganzen Tag in unserem Büro (*konkretes Benennen des Geschehens*). Das bedeutet für mich, dass ich mich nicht konzentrieren kann und große Schwierigkeiten habe, meine Arbeit gut zu machen. Ich werde abgelenkt, bin dann mit meiner eigenen Arbeit nicht zufrieden und gerate unter Druck (*Konsequenzen*). Ich ärgere mich dann über meine Fehler, weil ich ja gute Arbeit leisten will, und bin auch neidisch, weil Sie das beides hinkriegen, denke aber auch, Sie könnten mich mal fragen, ob mir die Musik recht ist – werde dann aggressiv Ihnen gegenüber und ärgere mich dann auch darüber, dass ich es nicht längst schon mit Ihnen besprochen habe. (*Mitteilung von Gedanken und Gefühlen*). Ich brauche zum Arbeiten einfach mehr Ruhe und wünsche mir, dass wir dafür eine gemeinsame Lösung finden" (*die Bitte um Veränderung muss dem anderen Verhandlungsspielraum lassen*).

Frage:

Was glauben Sie, wie Frau Schmidt darauf reagiert?

Ich-Botschaften und Du-Botschaften sind vom Gefühl her leichter zu unterscheiden als nur von den Worten. Du-Botschaften hören wir von Kindesbeinen an. Wir nehmen sie als selbstverständliche Kommunikationsform hin, obwohl wir oft am eigenen Leib gespürt haben, dass sie uns in Widerstand, Ärger oder Bockigkeit treiben.

Ich-Botschaften müssen wir lernen, und sie gelingen uns auch nur dann, wenn wir unser Haus gut kennen und unsere Anliegen aus unserem Haus heraus vortragen können.

Die Ich-Botschaft

- ➜ ist kein Angriff auf andere;
- ➜ löst normalerweise keine Verteidigungshaltung aus;
- ➜ zeigt die eigenen Gefühle und die eigene Weltsicht;
- ➜ ermöglicht auch kritische Anmerkungen ohne Gesichtsverlust für den Partner;
- ➜ ist lösungs- und zukunftsorientiert.

Um ein Gefühl dafür zu entwickeln, was eine Du-Botschaft und was eine Ich-Botschaft ist, nehmen Sie bitte das *Arbeitsblatt: „Von mir zu Dir"*.

8.2 Arbeitsblatt:
Von mir zu Dir

STRUKI liest vor: Bilden Sie Viergruppen. Sie finden weiter unten kleine Szenen mit Du-Botschaften. Ihre Aufgabe ist, der Reihe nach Ihr Anliegen in einem dieser Konflikte in Form einer Ich–Botschaft zu formulieren. Die anderen in der Gruppe sagen, was die Formulierung in ihnen auslöst und wann sie in Ordnung ist. Manchmal muss darum etwas gerungen werden! Formulieren Sie in direkter Rede! Nehmen Sie sich viel Zeit für diese Übung.

1. Bereiten Sie die Basis für das Gespräch.
2. Beschreiben Sie das Verhalten oder Geschehen, das Sie gestört oder geärgert hat. (Nicht die Person angreifen!!)
3. Sagen Sie genau, welche greifbare und konkrete Auswirkung das für Sie hat.
4. Erklären Sie, welche Gefühle und Gedanken Sie dazu haben.
5. Sagen Sie, was Sie sich wünschen oder brauchen. (Formulieren Sie Ihren Wunsch möglichst so, dass dem anderen noch Raum bleibt, eigene Vorschläge zu entwickeln.)

Beispiele:
....

a) Ein *Mandant* ruft seinen *Anwalt* an: „Was Sie da an Schriftsatz geschrieben haben, ist miserabel und unbrauchbar und nicht mal logisch – das Gericht wird uns das um die Ohren hauen. Ich hatte mir da wirklich etwas anderes vorgestellt."

b) *Frau Heller* schreibt an ihren *Nachbarn Herrn Maier*: „Ich kann nicht nachvollziehen, wie Sie so rücksichtslos sein können, jede Nacht Ihre Musik so laut zu stellen, dass normale Menschen weder

schlafen noch lesen können. Haben Sie denn überhaupt keine Kinder-
stube?"

c) *Ein Mitarbeiter* hat seinem *Chef* versprochen, die für den Vortrag
benötigten Folien zu kopieren, hat aber eine Stunde vor Beginn des
Vortrags noch nicht damit angefangen. Der Chef: „Ich kann mir nicht
vorstellen, Herr Anselm, dass Sie es in dieser Firma zu etwas bringen
werden; so viel Schlamperei können wir uns hier nicht leisten – es ist
geradezu unverschämt, dass Sie sich das trauen. In zehn Minuten will
ich die Kopien haben, sonst können Sie was erleben!"

d) *Peter* ist im Urlaub den ganzen Tag verstimmt, und *Karin* weiß
nicht warum. Karin: „Du könntest ruhig mal wieder mit mir reden, ich
habe nämlich keine Lust, den ganzen Tag mit so einem Griesgram zu
verbringen – dann können wir ja gleich wieder nach Hause fahren.
Nur wenn andere dabei sind, da drehst du auf und bist so charmant –
was bist du doch für ein Heuchler!!"

e) *Thomas* macht sich über
Anna lustig wegen ihres
Putzfimmels: „Mein Gott,
das artet wirklich aus. Du
lässt dich von deinem Sau-
berkeitswahn total beherrschen. Du könntest im Fern-
sehen als „die Frau von
Meister Proper" auftreten!"

f) *Oliver* zu seiner *Frau Mar-
tina*: „Was hast du denn da
schon wieder gekauft? Bist
du eigentlich nur glücklich,
wenn du Geld ausgibst?
Vielleicht solltest du dann
mal selber was verdienen,
statt deinen Frust mit meiner
Kreditkarte zu befriedigen!"

g) *Johanna zu Jakob:* „ Nie kann ich mal was alleine machen, ohne dass du gleich beleidigt bist. Kannst du dich eigentlich nicht mal mit dir selbst beschäftigen? Wenn du dich schon mit dir selbst langweilst, was glaubst du denn, wie es mir oft geht?

STRUKI ruft die Gruppe zusammen

Auswertung:

→ Wie ist es Ihnen ergangen, wenn Sie Ihr Haus offen gezeigt haben?
→ Wie ist es Ihnen als Empfänger von Ich-Botschaften gegangen?
→ Hatten Sie als Empfänger das Gefühl, Sie hätten sich an einer Lösung beteiligt?

Eine weitere Übung zum Erkennen und Formulieren von Ich-Botschaften finden Sie im Anhang im *Arbeitsblatt „ Was ist was?"*, Seite 152.

8.3 Arbeitsblatt: die persönliche Beschwerde

STRUKI liest vor: Auch wenn Sie manchmal sehr um Ich-Botschaften ringen müssen, lohnt es sich dennoch, diese zu üben – üben – üben. Wenn Sie lernen, sich rechtzeitig und angemessen gegen Übergriffe zu wehren oder sich über störendes Verhalten zu beschweren, ist dieses für Sie und Ihre Umwelt gesünder, als wenn Sie alles „runterschlucken" und irgendwann unkontrolliert „platzen".

→ Und deshalb: ... Sie haben am Anfang dieses Buches eine Liste mit Ihren schwierigen Beziehungen gemacht. (Seite 39f)

→ Holen Sie dieses Blatt bitte heraus. Sollten Sie es nicht dabei haben, machen Sie sich ein paar Notizen zu einem der Konflikte, die Sie aufgeschrieben hatten.

→ Suchen Sie sich einen Partner.

→ Nutzen Sie jetzt alles, was Sie in punkto Ich-Botschaften schon verstanden haben und stellen Sie sich vor, Ihr Gegenüber wäre einer Ihrer Konfliktpartner.

→ Denken Sie beide nun fünf Minuten darüber nach, wie Sie Ihrem Konfliktpartner Ihre Beschwerde in Form einer Ich-Botschaft mitteilen können.

→ Sagen Sie es nun Ihrem Übungspartner – der Jüngere fängt an!

→ Ihr Partner sagt Ihnen, was Ihre Botschaft bei ihm auslöst / eventuell müssen Sie noch ein bisschen daran arbeiten.

→ Es geht bei dieser Übung noch nicht um Lösungen!

→ Sie haben 20 Minuten Zeit.

STRUKI bittet alle wieder in die große Gruppe.

Auswertung:
....

→ Können Sie sich schon vorstellen, so mit Ihrem tatsächlichen Konfliktpartner zu sprechen?

→ Was wollen Sie noch mehr klären oder üben?

→ Was wollen Sie ausprobieren? An wem?

8.4 Rollenspiel: Schulden

STRUKI liest vor: Sie wissen jetzt schon, wie Sie Ihre eigenen Wünsche und Absichten ergründen (Selbstklärung) und so vermitteln können, dass Ihr Gegenüber verstehen kann, worum es Ihnen geht (Ich-Botschaften). Sie wissen auch, was passiert, wenn Sie Streitkeulen schwingen. Lassen Sie diese also im Schrank, wenn Sie die nächste Übung machen, bei der Sie das bisher Gelernte und Geübte in einem Rollenspiel zum Einsatz bringen können:

→ Sie teilen sich in zwei Gruppen auf und setzen sich getrennt voneinander zusammen.

→ Die eine Gruppe liest die Rolle der Maria, die andere Gruppe liest die Rolle von Florian.

→ Nun überlegt jede Gruppe für sich, welche Gefühle, Überzeugungen, Werte, Absichten und Erwartungen Florian bzw. Maria haben könnten. Sie besprechen auch, was es an Lösungsmöglichkeiten geben könnte.

→ Jede Gruppe entscheidet, wer jetzt die Rolle von Maria bzw. Florian spielt. Es kommen noch viele Rollenspiele, so dass jeder, der will, mehrfach zum Spielen kommt. Aber es wäre schön, wenn die Rollen von Florian und Maria jetzt von jemandem übernommen würden, der nicht in dem ersten Rollenspiel (Nordsee oder Griechenland) aktiv war.

→ Sie haben für die Vorbereitung 15 Minuten Zeit.

→ Dann treffen Sie sich in der großen Gruppe wieder.

→ Florian und Maria setzen sich in die Mitte und beginnen zu spielen: Sie treffen sich in einem Restaurant und wollen den Konflikt klären.

→ Sie bleiben dabei beide wirklich bei sich, sagen, wie es Ihnen geht, was Sie denken, fühlen, erwartet haben ...

→ Sie machen dem anderen keine Vorwürfe ...!

→ Sie spielen, bis es aus Ihrer Sicht zu Ende ist, aber erfahrungsgemäß nicht länger als zehn Minuten.

→ Alle anderen schauen als Beobachter zu (Beobachterblatt von Seite 32).

8.4.1 Maria

Ich habe mir vor zwei Jahren von meinem Freund Florian Geld geliehen und hatte ihm versprochen, es schnellstens zurückzuzahlen. Dann habe ich das aber nicht geschafft, und nun ist es mir sehr peinlich. Ich habe zwar ein schlechtes Gewissen, aber ich denke auch, dass Florian es ja nicht braucht. Es würde mir im Augenblick sehr schwer fallen es zurückzuzahlen, aber ich sehe auch, dass unsere Beziehung durch das Geld sehr gestört ist. Irgendwie habe ich auch gehofft, Florian würde es mir schenken. Ich möchte die Sache klären, aber ich habe Angst, dass er mir Vorwürfe macht. Wir treffen uns immer wieder bei gemeinsamen Freunden, und die Spannung ist unerträglich.

Gestern habe ich Florian angerufen, weil ich dringend ein Buch brauchte, das er sich ausgeliehen hat. Das hatte ja mit dem Geld nichts zu tun.

Ich weiß auch nicht, warum er am Telefon total zickig war, aber so lasse ich mich jedenfalls nicht behandeln.

8.4.2 Florian

Meine Freundin Maria hat sich vor zwei Jahren von mir Geld geliehen; sie wollte es mir schnellstens zurückzahlen. Ich habe ein paar Mal nachgefragt, aber Maria hat mich immer wieder vertröstet. Es ist mir peinlich, aber ich möchte die Situation klären. Unsere Freundschaft hat sehr darunter gelitten; wir gehen uns aus dem Weg.

Ich weiß inzwischen gar nicht mehr, wie Marias Situation ist – unterschwellig ist da eine sehr große Spannung, denn wir sehen uns immer mal wieder bei gemeinsamen Freunden und tun dann so, als ob nichts wäre. Dabei bin ich sehr sauer auf sie, weil sie nicht mit mir darüber redet.

Und nun hat es wirklich gekracht. Maria hat mich angerufen und um ein Buch gebeten, das sie mir geliehen hatte, aber wieder hat sie nichts von dem Geld gesagt. Da bin ich ausgerastet und habe sie „habgierig und egoistisch" genannt. Das finde ich zwar selbst nicht toll, aber so lasse ich mich nicht behandeln.

8.4.3 Auswertung

Nach dem Rollenspiel fragt STRUKI erst die Spieler, wie es ihnen in der Rolle ergangen ist. Die Beobachter halten sich noch zurück.
→ Nun können die Beobachter sagen, was sie gesehen haben, oder auch Fragen an „Florian und Maria" stellen.
→ „Florian und Maria" werden aus ihren Rollen entlassen.

STRUKI liest vor: Erfahrungsgemäß gibt es für die meisten problematischen Situationen viele, zum Teil sehr unterschiedliche Lösungen. Wenn alles gut gegangen ist, haben Florian und Maria eben *eine* Lösung gefunden. Welche weiteren fallen Ihnen ein?

→ Struki schreibt alle Lösungen stichwortartig auf der Flipchart mit.
→ Keine Diskussion: Lösungen können auch sehr persönlich sein. Akzeptabel ist alles, was Sie als Florian und Maria akzeptiert hätten!

8.5 Was mir an dir so gut gefällt

STRUKI liest vor: Sie haben bei den bisherigen Treffen schon eine ganze Menge miteinander erlebt, gearbeitet, gerungen, hoffentlich auch gelacht. Sie kennen gegenseitig Ihr Verhalten in Konfliktsituationen, Sie haben sich in Rollenspielen schon beleidigt, zickig oder überheblich gezeigt, Ihre Empfindlichkeiten zugegeben und Ihre Knöpfe drücken lassen. Wir denken, es ist an der Zeit, miteinander etwas nur Schönes zu teilen. Die nun folgende Übung heißt: „Was mir an dir so gut gefällt":

➜ Stehen Sie bitte auf und verteilen Sie sich im Raum.

➜ Gehen Sie nun von einem zum anderen und erzählen Sie sich, was Ihnen aneinander richtig gut gefällt, imponiert, was Sie erfreut.

➜ Zeigen Sie Ihre Begeisterung, schmücken Sie Ihre Komplimente ruhig üppig aus!

➜ Nur Komplimente, keine noch so versteckten Verbesserungsvorschläge!

STRUKI liest vor: Wie haben Sie sich gefühlt, als Ihnen so viel Nettes gesagt wurde? Sind Sie das gewohnt?

Können Sie dem Menschen, der Ihnen ein Kompliment macht, freudig ins Gesicht sehen? Fällt es Ihnen leicht, einem anderen etwas Schönes zu sagen? Gab es für Sie peinliche Momente?

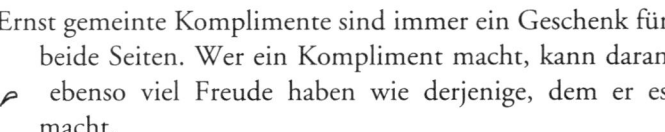

Ernst gemeinte Komplimente sind immer ein Geschenk für beide Seiten. Wer ein Kompliment macht, kann daran ebenso viel Freude haben wie derjenige, dem er es macht.

Probieren Sie es doch im Alltag mal aus; Sie haben nichts zu verlieren und werden wahrscheinlich freudige Verblüffung ernten.

9. Guck mal, wer da spricht!

9.1 Die vier Schnäbel und die vier Ohren

STRUKI liest vor: Sie haben in den letzten Übungen gelernt, geprobt und damit experimentiert, als Sender klar zu kommunizieren. Kommunikation besteht aus Reden UND Zuhören. Nicht alles, was gesagt wird, ist klar, offen und verständlich. Wenn man richtig und sensibel hören will, muss man lernen, Nachrichten zu entschlüsseln.

Als Schlüssel dient ein Modell, das auf der Arbeit des Kommunikationspsychologen Friedemann Schulz von Thun aufbaut: ***Die vier Schnäbel und die vier Ohren.***

Schulz von Thun geht davon aus, dass jede Nachricht vier Ebenen hat. Der Sender spricht quasi mit vier Schnäbeln, der Empfänger hört mit vier Ohren. Und das kann zu unendlichen Verwirrungen führen! Schauen wir uns zunächst die vier Schnäbel an:

➜ Mit dem *Sachschnabel* wird die sachliche Information vermittelt.
➜ Mit dem *Selbstkundgabeschnabel* spricht der Sender von seiner Person und seiner eigenen Welt.
➜ Mit dem *Beziehungsschnabel* sagt der Sender etwas darüber aus, wie er zum Empfänger steht. Dazu nutzt er oft Tonfall, Mimik und andere nichtsprachliche Begleitsignale.
➜ Mit dem *Appellschnabel* verkündet der Sender, wozu er den Empfänger veranlassen will. Das kann im Bereich von Denken, Fühlen oder Handeln sein.

Lassen wir die Schnäbel sprechen: Sohn sagt zu seiner Mutter: „Der Kühlschrank ist schon wieder leer."

→ Sachebene: „Der Kühlschrank ist leer." Das ist die sachliche Information.
→ Die *Selbstkundgabe* könnte sein: „Ich habe Hunger." – „Ich hasse leere Kühlschränke." – „Ich mag es, wenn ich die Wahl habe." – „Ich kann es nicht fassen, wie schnell Lebensmittel aufgebraucht sind." – „Immer komm ich zu spät" usw. Auf der *Beziehungsebene* könnte er seiner Mutter sagen wollen: „Du sorgst nicht gut für mich." – „Du bist für den Kühlschrank verantwortlich." – „Ich komme bei dir zu kurz" usw.
→ Auf der *Appellebene*: „Kauf endlich ein." – „Sorge besser für mich." – „Finde heraus, wer immer alles aufisst." – „Bring' doch endlich mal so viel mit, dass wir nicht jeden Tag wieder losgehen müssen!"

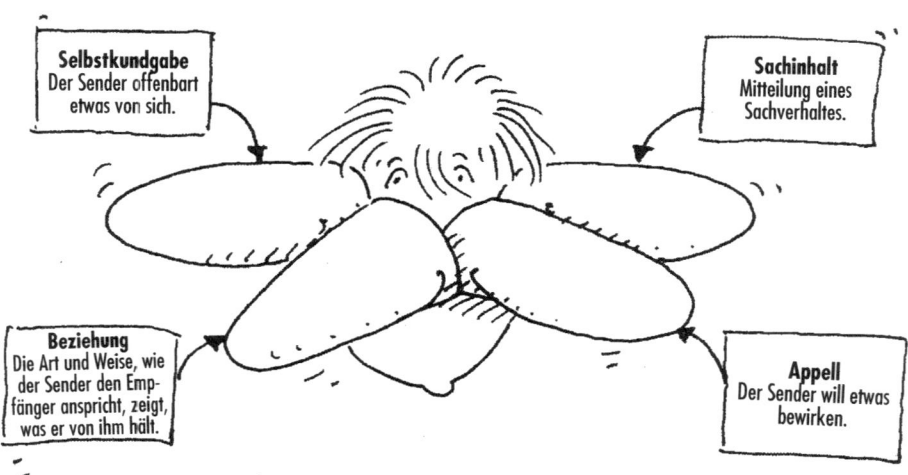

So wie der Sohn mit seinen vier Schnäbeln spricht, hat auf der Empfängerseite die Mutter vier Ohren zur Verfügung, das heißt: Ob sie hört, was er meint, ist ungewiss. – Ein babylonisches Durcheinander!!!!!

Je nachdem welches Ohr die Mutter gerade offen hat, hört sie ganz Unterschiedliches, oder sie hört nur einen begrenzten Ausschnitt.

Beispiel:

Der Sohn will ausdrücken, dass er sich wundert, wo das viele Essen geblieben ist (Selbstkundgabe). Die Mutter hat nur das Beziehungsohr offen und erwidert beleidigt: „Wieso bin immer ich dafür verantwortlich, kannst du nicht auch mal einkaufen gehen?"

Mit welchem Ohr wir jeweils hören, hängt von der Situation, der Beziehung, unserer augenblicklichen Verfassung und Nervenstärke ab. Nun ist der Sohn in unserem Beispiel gereizt, im Nu sind alle Voraussetzungen für einen heftigen Streit geschaffen!

→ Angenommen, die Mutter hört nur auf dem Sachohr, dann könnte ihre Antwort lauten: „Richtig, dagegen sollten wir unbedingt etwas unternehmen."
→ Hört sie auf dem Appellohr, könnte sie erwidern: „Ich weiß schon, ich gehe gleich zum Supermarkt."
→ Ist das Selbstkundgabeohr aufgeklappt, könnte die Antwort heißen: „Ja schade, ich weiß, dass du gerne zwischen verschiedenen Sachen aussuchst und dich vielleicht wunderst, wo alles geblieben ist, was wir gerade eingekauft hatten."

Um zu erkennen, was hinter einer Botschaft alles stecken kann, und um Ihnen die Gelegenheit zu geben, Ihre Sensoren für verschlüsselte Nachrichten zu schärfen, üben Sie jetzt mit dem nächsten Arbeitsblatt, den Code zu knacken.

9.2 Arbeitsblatt:
Den Code knacken!

STRUKI liest vor: Sie bleiben in der Runde sitzen. Die folgenden Sätze sind sachliche Informationen. Sie können sie entweder nur auf dieser Ebene hören oder auch die anderen Ebenen einbeziehen. Um den Code der Nachricht zu knacken und herauszufinden, welche Botschaften nicht mitgesprochen wurden, stellen Sie nacheinander das Selbstkundgabe-Ohr, das Beziehungs-Ohr und zuletzt das Appell-Ohr auf. Versuchen Sie zusammen, möglichst viele Interpretationen für die verschiedenen Ohren zu finden.

Beispiel:
....

Frau zu ihrem Mann: „Ich möchte heute Abend mal mit dir alleine sein." Das hört das Sach-Ohr.

Das Selbstkundgabe-Ohr könnte hören, dass die Frau sagen will: „Ich liebe Nähe." – „Alleinsein bringt mehr." – „Ich brauche Ruhe zum Gespräch." – „Der Trubel in letzter Zeit war mir zu viel …"

Mit dem Beziehungs-Ohr könnte der Mann hören, dass seine Frau ihm sagt: „Du bist mir wichtig." – „Mich interessiert, was du denkst." – „Ich habe Angst, ich bekomme nicht genug Aufmerksamkeit von dir …"

Mit dem Appell-Ohr könnte er hören: „Kümmere dich mehr um mich." – „Zeig mir, dass ich dir wichtig bin." – „Pass auf, ich entferne mich …"

Die sachlichen Informationen:

1. Freund zur Freundin: „ Ich war lange nicht mehr mit meinen Freunden aus."
2. Chef zum Angestellten: „ Sie kommen immer als Erster ins Büro."
3. Mutter zum 16-jährigen Sohn: „Noch bist du minderjährig, und darum kann ich bestimmen, dass du zu Hause bleibst."
4. Zwei Kolleginnen im Büro: „Gestern ist mein Mann mit meiner Freundin ins Kino gegangen."
5. Vater zum Sohn bei Geschäftsübergabe: „Bisher ist der Laden gut gelaufen!"
6. Mutter zur erwachsenen Tochter: „Zu meiner Zeit wurden Kinder nicht so verwöhnt."
7. Ein Mann zu einer Frau: „ Mir sind in meinem Leben viele nachtragende Frauen begegnet."
8. Ein Kollege zum anderen: „ Die Arbeit hier muss neu verteilt werden."
9. Ein WG-Bewohner zum anderen: „Das Licht im Flur war die ganze Nacht an."
10. Bruder zur Schwester: „Ich versuche dich schon den ganzen Nachmittag zu erreichen."
11. Chef zum Mitarbeiter: „Die Arbeitsmoral in diesem Büro hat nachgelassen."
12. Reiseleiter zur Gruppe: „Wenn Sie noch lange fotografieren, schaffen wir es nicht, pünktlich im Louvre zu sein."
13. Regisseur zum Schauspieler: „Für diese Rolle gibt es berühmte Vorbilder!"
14. Gast zum Wirt: „Sie scheinen einen neuen Küchenchef zu haben!"
15. Friseurin zur Kundin: „Im Allgemeinen bevorzugen ältere Damen kürzere Haare."

Im Anhang finden Sie zu diesem Thema auf Seite 158 die *Übung: „Der Eisberg"*.

10. Zuhören als Aktiv-Sport

10.1 Aktives Zuhören: Spiegeln

STRUKI liest vor: Als letzte Übung haben Sie mit allen Ohren gehört! Dieses Modell ist eine nützliche und wichtige Voraussetzung für das so genannte „Aktive Zuhören." Beim Aktiven Zuhören geht es im Kern darum, genauer zu verstehen, was der andere meint, und ihm zu vermitteln, dass er verstanden worden ist. Es wird auch empathisches oder sensibles Zuhören genannt.

Zum Aktiven Zuhören gehört das „Spiegeln" des Gesagten mit eigenen Worten (Paraphrasieren). Der Empfänger sagt, was er verstanden hat. Er legt dem Sender quasi sein Verständnis der Nachricht zur Prüfung vor. Dieses Spiegeln dient hauptsächlich dazu, das Verständnis auf der Sachebene zu überprüfen. Sie sagen also nicht nur: „Ja, ja, ich weiß" oder: „Ich verstehe …", sondern Sie wiederholen genau das, was Sie verstanden haben.

Beispiel:

Sender: „Große Autos verbrauchen zu viel Benzin."
Empfänger: „Du meinst, sie sind im Unterhalt zu teuer."

Sender: „Nein, das meine ich nicht. Sie sind eine Umweltbelastung."
Empfänger: „Ach so, du meinst, sie würden die Umwelt durch den hohen Benzinverbrauch zu stark belasten."

Sender: „Ja, genau!"

Um diesen Teil des Aktiven Zuhörens zu üben, nehmen Sie bitte das *Arbeitsblatt „Das Komitee".*

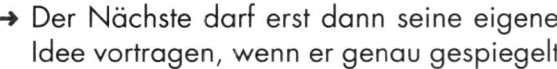

10.2 Arbeitsblatt:
Das Komitee

STRUKI liest vor:
→ Setzen Sie sich in den großen Kreis. Wenn Sie nur sehr wenige sind, kommt jeder zweimal dran.
→ Stellen Sie sich vor, Sie seien eine freie Schauspielgruppe.
→ Sie haben 10.000,– DM von einem Sponsor bekommen. Das Geld dürfen Sie ausgeben, wie Sie möchten.
→ Leider (oder Gott sei Dank) hat in Ihrer Gruppe jeder eine andere Vorstellung davon, wie das Geld verwendet werden soll.
→ Einer fängt an, sagt, *was* er will – *warum* er das will und welche *Gefühle* für ihn damit verbunden sind.

→ Der Nächste darf erst dann seine eigene Idee vortragen, wenn er genau gespiegelt – also paraphrasiert – hat, was der Vorredner gesagt hat. (Was er will und warum er das will und welche *Gefühle* dabei im Spiel sind!)
→ Nach einer Runde ist das Spiel beendet. Es geht nicht darum, eine Lösung zu finden!!

STRUKI liest vor: Zur Auswertung denken Sie bitte über folgende Fragen nach:

1. War es schwierig, erst richtig zuzuhören?
2. Haben Sie auf der Antwortlauer gelegen?
3. Wie hat es sich angefühlt, wirklich gehört zu werden?

10.3 Aktives Zuhören: Das Gemeinte hinter dem Gesagten

STRUKI liest vor: Die letzte Übung diente dazu, Aussagen über Themen und Gefühle zu spiegeln. Sie haben nur das wiedergegeben, was zuvor gesagt wurde. Dieses „Spiegeln" ist oft nützlich, um Sachverhalte zu klären.

Sie treffen allerdings vermutlich täglich auf Aussagen, die sich nicht nur auf die Sachebene beschränken: Hinter dem Gesagten verbergen sich fast immer weitere Botschaften. Das wissen Sie schon von Ihrer Beschäftigung mit den vier Schnäbeln.

Nun haben Sie Gelegenheit, alles, was Sie über die unterschiedlichen Kommunikationsebenen (Sach-Ebene, Selbstkundgabe-Ebene, Beziehungs-Ebene, Appell-Ebene) wissen, einzusetzen und „Aktiv zuzuhören".

Sie versuchen, das „Gemeinte hinter dem Gesagten" zu finden und auszudrücken (Verbalisieren):

→ Öffnen Sie dabei alle Sinne und „hören" Sie auch auf Gestik, Mimik, Körpersprache und Tonfall, denn gerade in der Kommunikation jenseits der Worte liegen oft die wirklichen Aussagen.

→ Beim Verbalisieren bemüht sich der Zuhörer, jene Anteile der aufgenommenen Nachricht wiederzugeben, die der Sender – aus welchen Gründen auch immer – nur angedeutet hat. Dabei handelt es sich oft um Gefühle, Überzeugungen, Werte, Bedürfnisse oder Wünsche.

Beispiel:

Mitarbeiterin: „Erst kann es nicht schnell genug gehen, und man muss alles stehen und liegen lassen, und dann stapeln sich die Sachen hier, und keiner kümmert sich mehr darum!"

→ Eine Vorgesetzte, die von den „geheimen Botschaften" keine Ahnung hat, sagt vielleicht: „Machen Sie sich nichts draus!"

→ Eine Vorgesetzte jedoch, die wirklich verstehen will, sagt: „Sie sind ärgerlich und enttäuscht, dass Sie von mir so zur Eile angetrieben worden sind, Ihre andere Arbeit liegen lassen mussten und nun feststellen, dass Ihr Einsatz nicht wahrgenommen wird."

Auf welchen Ebenen hört die Vorgesetzte?
1. Auf der Sach-Ebene: „Arbeit ist liegen geblieben."
2. Auf der Selbstkundgabe-Ebene: „Der Respekt vor meiner Arbeit ist mir wichtig."
3. Auf der Beziehungs-Ebene: „Ich bin ärgerlich und enttäuscht ..."
4. Auf der Appell-Ebene: „Nehmen Sie meinen Einsatz wahr!"

Ergebnis:

Die Mitarbeiterin fühlt sich wahrscheinlich verstanden und ist wieder im Kontakt mit ihrer Vorgesetzten.

Es geht beim Aktiven Zuhören darum, für sich und den anderen möglichst genau, möglichst vollständig, möglichst viele Ebenen der Botschaft zu hören und zu verbalisieren.

Aktives Zuhören ist ein Angebot an den Gesprächspartner, sich wirklich auf dessen Welt einzulassen. Beim Aktiven Zuhören hat die Welt des anderen Vorrang. Eigene Wertungen, Schlussfolgerungen oder Kommentare sind nicht gefragt.

Aktives Zuhören ist zunächst eine Technik. Wenn Sie das Aktive Zuhören beherrschen und verinnerlicht haben, führt es zu einer Grundhaltung respektvollen Umgangs auch in Konfliktsituationen. Was als Technik jetzt beim Üben noch holprig erscheinen mag, wirkt dann leicht und selbstverständlich.

Nehmen Sie die *Arbeitsblätter „Ein misslungenes Gespräch"* und *„Ein gelungenes Gespräch"* und gehen Sie sie der Anleitung entsprechend durch.

10.4 Arbeitsblatt:
Ein misslungenes Gespräch

STRUKI liest vor: Sie lesen jetzt ein Beispiel für misslungene Kommunikation. Sie bleiben in der Runde. Zwei Freiwillige lesen die Rollen von Dirk und Ingeborg mit etwas Pathos!

Dirk: „Ich habe das Gefühl, in Arbeit zu ersticken. Kaum habe ich einen Stapel erledigt, türmt sich schon wieder ein neuer auf."

Ingeborg: „Nimm dir doch mal ein paar Tage frei. Wahrscheinlich bist du urlaubsreif."

Dirk: „Um Gottes willen. Was meinst du, wie mein Schreibtisch dann aussieht, wenn ich wiederkomme."

Ingeborg: „Such dir doch eine andere Stelle; ich würde so viel Stress nicht mitmachen."

Dirk: „Ja du, aber du wechselst ja auch die Stellen wie andere Leute die Socken."

Ingeborg: „Na ja, ein bisschen mehr Flexibilität könnte dir auch nicht schaden. Trau dich doch mal was!"

Dirk: „Du hast gut reden, dir fällt immer alles von alleine zu, ohne dass du dich groß anzustrengen brauchst."

Ingeborg: „Quatsch, ich bin einfach nicht so ein Jammerlappen. Man muss sein Schicksal selbst in die Hand nehmen. Ich hab auch keine Lust mehr, dauernd über deine Probleme zu reden; lass uns ins Kino gehen."

Aufgabe:

Besprechen Sie in der Runde, wie sich Ingeborg und Dirk nach diesem Gespräch fühlen. Wo ist die Kommunikation schief gegangen? Haben Sie die Streitkeulen erkannt?

Auf dem nächsten Arbeitsblatt finden Sie ein Beispiel dafür, wie sich ein Gespräch zwischen Ingeborg und Dirk entwickeln könnte, wenn Ingeborg Aktives Zuhören gelernt und es in diesem Fall auch genutzt hätte.

10.5 Arbeitsblatt:
Ein gelungenes Gespräch

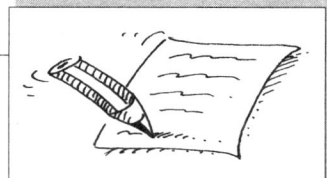

Zwei andere Teilnehmer übernehmen die Rollen von Dirk und Ingeborg:

Dirk: „Ich habe das Gefühl, in Arbeit zu ersticken. Kaum habe ich einen Stapel erledigt, türmt sich schon wieder ein neuer auf."

Ingeborg: „Wie scheußlich! Das klingt ja nach Sisyphus! Nie hat man das befriedigende Gefühl, ganz fertig zu sein."

Dirk: „Ja genau, vor allem frage ich mich, ob das je eine Ende nimmt!"

Ingeborg: „Das heißt also, das geht schon lange so?"

Dirk: „Na ja, jedenfalls seit wir in der Abteilung nur noch zu dritt sind."

Ingeborg: „Ach so, wart ihr denn vorher mehr?"

Dirk: „Ja, aber dann hat der Holzmeier doch sein eigenes Projekt gekriegt, warum, weiß ich auch nicht."

Ingeborg: „Aha, und nun macht ihr quasi seine Arbeit mit."

Dirk: „Weil der Holzmeier jetzt eben nur noch an seinem Projekt arbeitet. Der hat es wirklich gut. Dabei ist der ja noch gar nicht so lange in der Firma."

Ingeborg: „Du bist also schon viel länger in der Firma und verstehst nicht, warum er und nicht einer von euch dieses Projekt bekommen hat."

Dirk: „Mhm, manchmal frage ich mich, ob ich das eigentlich so hinnehmen soll. Andererseits weiß ich auch nicht, ob ich wirklich die ganze Verantwortung für so ein Projekt übernehmen will."

Ingeborg: „Mhm, also geht es noch um einiges mehr."

Dirk: „Ja, das merke ich jetzt auch. Da muss ich wohl mal gründlich drüber nachdenken, aber es war toll, dass du mir zugehört hast. Lass uns ins Kino gehen, ich kann jetzt Abwechslung brauchen."

Aufgabe:

Besprechen Sie in der Gruppe:
→ Wie fühlen sich Dirk und Ingeborg nach diesem Gespräch?
→ Welche Wirkung erzielt Ingeborg mit ihren Antworten?
→ Was hat Ingeborg genau gemacht?
→ Wie gefällt Ihnen diese Version?
→ Welche innere Haltung muss Ingeborg haben, um das Gespräch so zu führen?
→ Wodurch hat sich im Laufe des Gesprächs Dirks Blickwinkel verändert und wohin?

10.6 Am Widerstand wachsen

Struki liest vor: Stellen Sie sich vor, Sie sprechen mit Ihrem Partner, Ihrer Mutter, Ihrer Kollegin oder einer Freundin über irgendein Thema, das Ihnen im Augenblick wichtig ist. Die Reaktion ist nicht so, wie Sie sich das erhofft hatten. Ihr Gegenüber schaut gelangweilt an den Nachbartisch, kontrolliert unauffällig seine Mailbox, rutscht ungehalten auf dem Stuhl hin und her, unterbricht Sie mit vielen „Ja, aber" oder verstummt vollends. Dann wissen Sie, hier ist „Widerstand".

Ruth Cohn, eine bedeutende Vertreterin der Humanistischen Psychologie, hat den Satz geprägt: „Die Arbeit am Widerstand geht der Arbeit am Inhalt voraus." Diesen Satz kann man sich gar nicht genügend einprägen!

Sie können weder über Ihre Ferienplanung noch über neue Projekte sprechen, wenn bei Ihrem Gegenüber Widerstand in irgendeiner Form entstanden ist. Inhalt oder Form Ihrer Mitteilung haben Gedanken oder Empfindungen ausgelöst, die im Widerspruch zu dem stehen, was Sie denken oder wollen.

Solche Störungen fragen nicht nach Erlaubnis, sie sind einfach da und sie sind sehr raumgreifend. Wer Widerstand entwickelt hat, ist so sehr mit seiner eigenen Welt beschäftigt, dass er sich mit dem, was Sie sagen, gar nicht weiter befassen kann. Und das ist ihm im Allgemeinen nicht bewusst. Den Widerstand zum Thema zu machen, ihn zu benennen und zu akzeptieren ist sicher eine der hilfreichsten und sinnvollsten Möglichkeiten, gute Bedingungen für Ihren Dialog zu schaffen. Das geht nicht ohne Aktives Zuhören.

Um Ihre Fähigkeiten auf diesem Gebiet weiter zu vertiefen, nehmen Sie jetzt bitte das *Arbeitsblatt: „Zur Erinnerung"*.

10.7 Arbeitsblatt:
Zur Erinnerung

STRUKI liest vor: Auf diesem Arbeitsblatt finden Sie eine Liste von Verhaltensweisen, Tätigkeiten und Einstellungen. Einige davon sind Voraussetzungen für das Aktive Zuhören, andere tragen weniger bis gar nichts dazu bei. Nehmen Sie jeder Ihre Liste, streichen Sie mit einem Bleistift alles weg, was Ihnen zum Gelingen nicht dienlich erscheint. Sie haben fünf Minuten Zeit:

→ Partnerschaftliche Ebene
→ Abschweifen
→ Echte Anteilnahme
→ Sich angenommen fühlen
→ Ausfragen
→ Interesse für die Welt des anderen
→ Auf der Antwortlauer liegen
→ Sich verstanden fühlen
→ Ratschläge geben
→ Zeigen, dass man unter Zeitdruck ist
→ Bereit sein, sensibel wahrzunehmen
→ Sich in den anderen hineinversetzen
→ Bewerten
→ Aufmerksamkeit zeigen
→ Pausen aushalten
→ Urteilen
→ Sich kreativ mit seiner Situation beschäftigen
→ Analysieren
→ Von eigenen Erfahrungen sprechen
→ Verständnisfragen stellen
→ Lösungen vorschlagen
→ Zusammenfassen
→ Rückmeldung zu den verschiedenen Ebenen geben

Auswertung:

Besprechen Sie in der Runde Ihre Ergebnisse.

10.8 Arbeitsblatt:
Beispiele aus dem Alltag

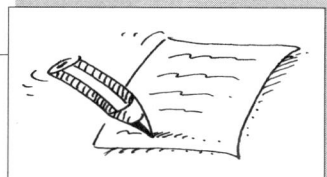

STRUKI liest vor:
→ Suchen Sie sich für diese Übung einen Partner.
→ Einer beschwert sich, der andere übt Aktives Zuhören, wechseln Sie sich ab.
→ Machen Sie aus diesen kleinen Situationen ein Rollenspiel.
→ Schmücken Sie das Gespräch ein paar Minuten aus; der Zuhörer nimmt *jede Äußerung* mit Aktivem Zuhören auf.
→ Nehmen Sie sich für diese Übung viel Zeit und hören Sie erst dann auf, wenn Sie zufrieden oder völlig erschöpft sind.

Als Zuhörer fragen Sie sich:
1. Was empfindet mein Gesprächspartner?
2. Was ist ihm an dem, was er gerade sagt, so wichtig?
3. Worum geht es ihm?
4. Was wünscht er sich?

Der Einstieg für Ihre Rückmeldung könnte heißen:
→ „Aha, du meinst also …"
→ „Dir ist also wichtig, dass …"
→ „Du möchtest gerne …"
→ „Du bist frustriert, weil …"
→ „Du denkst …, weil …"

Wenn Ihnen etwas unklar ist:
→ „Könnte es sein, dass …"
→ „Ist es möglich, dass …"
→ „Meinst du damit, dass …"

Mini-Rollenspiele:

1. Eine Kollegin (Sprecherin) zur anderen (Zuhörerin): „Wie soll ich denn anständige Reisekostenabrechnungen für euch machen, wenn Ihr eure Belege verschlampt?!"

2. Lehrer (Sprecher) auf dem Elternabend zu einem Vater (Zuhörer): „Wenn Sie immer alle unterbrechen, dann müssen Sie sich nicht wundern, wenn alle gegen Sie sind!"

3. Junggeselle Hans zu seinem Schwager Thomas: „Wenn ich nach Hause komme, fällt mir die Decke auf den Kopf; lange halte ich das nicht mehr aus!"

4. Mutter zu Vater: „Stell den doofen Kasten leiser, es reicht schon, dass er überhaupt an ist!"

5. Eine Frau, vier Wochen nach der Hochzeit zu ihrer Schwester: „Ich würde nicht noch einmal heiraten. Man gibt ja seine Freiheit völlig auf."

6. Krankenschwester zum neuen Unternehmensberater: „Sie stellen vielleicht blöde Fragen, das ist alles graue Theorie; in der Praxis geht es ganz anders zu …"

7. Ein Biologielehrer zum anderen: „So wie du deinen Unterricht gestaltest, wundert es mich überhaupt nicht, dass die Klasse lieber mich haben will."

8. Bruder zu seiner Schwester nach dem Tod der Eltern: „Wenn ich mich nicht all die Jahre um die Finanzen der Eltern gekümmert hätte, gäbe es jetzt nichts zu erben; also sei froh, dass du überhaupt etwas kriegst."

9. Kunde zur Verkäuferin: „Es ist mir egal, dass gleich Ladenschluss ist, schließlich kaufe ich hier seit 20 Jahren ein."

10. Fahrlehrerin zum Schüler: „Da merkt man gleich, dass Sie ein Mann sind, kein bisschen Gefühl!"

STRUKI ruft die Gruppe wieder zusammen.

Auswertung:

→ Was war am Aktiven Zuhören schwierig?
→ Was hat Ihnen gefallen?
→ Was war die Wirkung des Aktiven Zuhörens?

Hinweis:

Da das Aktive Zuhören ein so wichtiger Bestandteil gelungener Kommunikation ist, können Sie gar nicht genug üben. Im Anhang finden Sie dazu *„Noch mehr Mini-Rollenspiele"* und *„Zuhörer in einer dramatischen Situation"*.

Je nach Lust und Bedarf können Sie immer wieder anhand einiger dieser Situationen Ihre Fähigkeiten stärken.

11. Erst gemeinsam sind wir stark

11.1 Aus der Fülle entsteht die Lösung!

STRUKI liest vor: Stellen Sie sich vor, Sie müssten sich demnächst einem schwierigen Konflikt stellen: Sie sind mit Ihrem Kontrahenten am Telephon schon in ein hitziges Wortgefecht geraten, und das Gespräch war nicht unbedingt konstruktiv. Der Konflikt muss geklärt werden:

→ Sie wissen einigermaßen, worum es sachlich geht – und mehr Konfliktanalyse können Sie in diesem Fall noch nicht betreiben.

→ Sie haben sich die Zeit genommen, darüber nachzudenken, welche Gefühle, welche Überzeugungen und welche Werte aus Ihrer Sicht beteiligt sind. (Selbstklärung)

→ Sie wissen, was Ihre Bedürfnisse, Interessen und Wünsche sind. (mehr Selbstklärung)

→ Sie wissen, was Ihre „Knöpfe" sind und können achtsam sein. (noch mehr Selbstklärung)

→ Sie haben Ihre Streitkeulen beiseite gelegt und die Du-Botschaften eingemottet.

→ Sie haben einen passenden Zeitpunkt und einen Ort für das Gespräch vereinbart.

→ Jetzt denken Sie noch mal darüber nach, was Sie an Kommunikationsfähigkeiten zur Verfügung haben: 1. Sie können die vier Ebenen einer Botschaft erkennen und dem anderen entsprechende Angebote machen. 2. Sie können durch Aktives Zuhören das „Gemeinte hinter dem Gesagten" entdecken.

→ Wenn und nur wenn in diesem Gespräch wirklich geklärt wurde, „wem es warum um was geht", ist der Zeitpunkt gekommen, nach Lösungen zu suchen, die die Bedürfnisse beider Seiten jetzt und hoffentlich auch in der Zukunft befriedigen.

→ Dabei ist die Gewissheit besonders nützlich, dass es in fast jeder Situation viele unterschiedliche, aber gleichermaßen brauchbare Lösungen gibt.

→ Um diese Gewissheit in Ihnen zu stärken, machen Sie jetzt bitte noch eine Übung zum Thema Brainstorming.

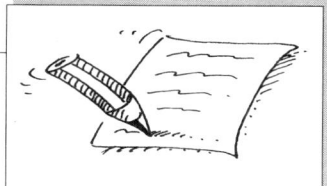

11.2 Arbeitsblatt:
Brainstorming zum Üben

STRUKI liest vor: „Brainstorming" heißt soviel wie „Gehirnsturm". Denken Sie an einen tosenden Herbststurm. Die bunten Blätter von vielen unterschiedlichen Bäumen tanzen im Wind. Sie fliegen alle in eine Richtung ... So ähnlich geht es auch beim Brainstorming zu. Die Ideen und Gedanken aller Beteiligten wehen in dieselbe Richtung. Vorgegeben ist ein Thema, auf das alles zusteuert.

Im *ersten Schritt* werden so viele Ideen wie möglich und so schnell wie möglich genannt.

STRUKI schreibt alles an der Flipchart mit. Die Ideen werden nicht bewertet, sortiert oder gar zensiert, da sich sonst das phantasievolle Treiben des Sturmes in einen müden Abendwind verwandelt. Der eine oder andere Einfall mag Ihnen völlig abwegig erscheinen, aber hier hat er Platz, selbst wenn es ein blauer Kakadu ist.

Zweiter Schritt: Ordnen und Auswerten. In unseren Beispielen nur jeweils vier Minuten. Es geht nur darum, das Prinzip zu erfassen, damit Sie es auch im Konfliktfall zur Verfügung haben.

Zu den gefundenen Begriffen können Kategorien gebildet werden (z.B. Gefühle, Sachinformationen, zeitliche Zusammenhänge, Orte, Personen etc.). Die Begriffe werden also den Kategorien zugeordnet.

103

Auswerten:

Welche Lösungen, Konzepte oder Ergebnisse sind machbar, gefallen, machen Sinn, sind zukunftsorientiert, sollten erweitert werden ...

Themen, um Brainstorming zu üben: jeweils drei Minuten / eventuell in Kleingruppen! Alles aufschreiben:

1. Ein Sommerfest soll organisiert werden. Woran muss gedacht werden?
2. Neue Hausordnung im Krankenhaus. Alle sollen beteiligt sein.
3. Affengeburt im Zoo.
4. Loveparade auf der Leopoldstraße. Woran müssen die Veranstalter denken?
5. In zwei Monaten haben die Eltern goldene Hochzeit. Wie könnte das Programm aussehen?
6. Eine WG will ein großes Fest feiern, die anderen Hausbewohner sind dagegen. Der Vermieter sagt: Regelt das alleine.
7. Der Sportverein fordert Flutlicht für den Fußballplatz, daneben ist ein Kinderheim.
8. Ein Obdachloser soll von euch beschenkt werden mit Kleidern, Zelt ..., wie, ohne ihn zu beschämen?
9. Eigene Situationen: ...

STRUKI fragt:
→ Wie ging es Ihnen damit?
→ Gab es neue Erkenntnisse oder Überraschungen?
→ Hat es Spaß gemacht?

11.3 Rollenspiel: Wer versorgt die alten Eltern

STRUKI liest vor: In diesem Rollenspiel können Sie alles einsetzen und üben, was Sie bisher gelernt haben.
→ Bilden Sie dazu bitte zwei Gruppen.
→ Eine Gruppe heißt Reiner, die andere Heidi.
→ STRUKI liest allen zusammen die Situation von Heidi und Reiner vor.

Zwei Geschwister, Reiner, Klimaforscher, 47 Jahre alt, und Heidi, Lehrerin, 45 Jahre alt, müssen klären, wer sich um die Eltern kümmern wird.

Die Eltern sind Ende 70, können sich im Augenblick noch weitgehend selbst versorgen, brauchen aber zunehmend Unterstützung. Sie wohnen noch in ihrer eigenen Wohnung.

Es muss überlegt werden, ob sie in ein Heim umziehen. Ihre Rente ist ausreichend, aber nicht üppig. Sie haben ein bisschen Angst, dass sie es nicht mehr lange schaffen, aber keine konkrete Vorstellung, wie es weitergehen soll. Sie meinen, es sei die Verantwortung der Kinder, eine Lösung zu finden.

Reiner wohnt in derselben Stadt wie seine Eltern in einer Vier-Zimmer-Wohnung. Er ist beruflich stark eingespannt und auch oft unterwegs. Er ist geschieden und hat zwei Kinder (19 und 21 Jahre) in der Ausbildung. Sein Studium hat er damals selbst finanziert, weil die Eltern mit seiner Berufswahl nicht einverstanden waren. Die Eltern haben bei der Scheidung zu der Schwiegertochter gehalten, um einen guten Kontakt zu den Enkeln behalten zu können. Die Beziehung von Reiner zu seinen Eltern ist aus vielen Gründen eher distanziert.

Reiner findet, Heidi sollte die Eltern nehmen, da ein gutes Heim, in dem sie beide sein könnten, zu teuer ist, und Frauen bessere Pflegerinnen sind. Außerdem findet er, dass Heidi von den Eltern immer bevorzugt worden ist. Er ist bereit, Heidi dabei zu helfen, eine Wohnung für die Eltern in ihrem Haus auszubauen.

Heidi wohnt 40 km entfernt mit ihrem Mann und ihren drei Kindern in einem geräumigen alten Bauernhaus. Die Kinder sind 14, 16 und 18 Jahre alt. Sie arbeitet 20 Stunden als Lehrerin. Heidis Ausbildung haben die Eltern damals bezahlt. Zu Heidis Hochzeit sind die Eltern nicht erschienen, weil es ihnen so peinlich war, dass Heidi hochschwanger war. Als die Mutter vor zwei Jahren für drei Monate im Krankenhaus war, hat Heidi in dieser Zeit den Vater zu sich geholt; das ging aber nicht gut, weil er sich immer in die Kindererziehung eingemischt hat.

Sie findet, jetzt sei Reiner dran, sich um einen Heimplatz zu kümmern, da die Eltern unbedingt in ihrer Heimatstadt bleiben sollten. Außerdem ist es aus ihrer Sicht an der Zeit, dass Reiner sich dafür revanchiert, dass die Eltern sich nach seiner Scheidung so intensiv – auch finanziell – um seine Kinder gekümmert haben. Sie ist bereit, die Eltern zu den Festtagen zu sich zu nehmen.

→ Nun wissen Sie alle, worum es geht.
→ Jede Gruppe zieht sich in eine Ecke des Raumes zurück.
→ Gemeinsam klärt jede Gruppe, welche Gefühle, Bedürfnisse, Vorstellungen, Überzeugungen, Werte, Absichten, Erwartungen und Ängste Reiner bzw. Heidi haben. Kümmern Sie sich dabei ausschließlich um „ihre eigene Rolle" und nicht die andere!
→ Sie dürfen Ihre Rolle mit Einzelheiten ausschmücken.
→ Sie haben zehn Minuten Zeit, möglichst viel über Reiner bzw. Heidi herauszufinden.
→ Nun entscheidet jede Gruppe, wer Reiner und wer Heidi spielen will.
→ Alle anderen sind Beobachter. Sie nehmen das Blatt auf Seite 32 „*Was die Beobachter beobachten können*" und verfolgen aufmerksam das Geschehen.
→ Die Aufgabe von Heidi und Reiner ist, mit allem Gelernten diesen Konflikt zu klären und eine Lösung zu finden, die alle Beteiligten befriedigt.
→ Fangen Sie an zu spielen!

11.3.1 Auswertung

→ STRUKI fragt zuerst die Rollenspieler, wie es ihnen in ihrer Rolle ergangen ist. Alle anderen sind still.

→ Jetzt dürfen die Beobachter den Rollenspielern Fragen zu ihrer Rolle stellen (nur zur Rolle!!!).

→ Die Gruppe dankt den Rollenspielern und entlässt sie aus ihren Rollen. Sie kehren in den Kreis zurück.

→ STRUKI stellt der ganzen Gruppe folgende Fragen (und passt auf, dass unterschiedliche Wahrnehmungen und Meinungen ohne Diskussion stehen bleiben können!!!):

1. Was waren die Konflikte?
2. Wie sind Heidi und Reiner miteinander umgegangen?
3. Welche Gefühle waren bei Heidi und Reiner offensichtlich vorhanden? Waren auch unterschwellige Gefühle wahrnehmbar?
4. Haben Heidi und Reiner ihre Anliegen, Bedürfnisse und Vorstellungen klar dargestellt?
5. Hat jemand auf der Antwortlauer gelegen?
6. Haben beide wirklich verstanden, worum es dem anderen ging?
7. Was haben sie voneinander verstanden?
8. Welche Kommunikationsfähigkeiten haben Reiner und Heidi zur Verfügung gehabt?
9. Wurden „Knöpfe" gedrückt?
10. Hat jemand in die Waffenkammer gegriffen?
11. Gab es Übergriffe in das Haus des anderen?
12. Wenn ja, was war die Folge?
13. Welche Chancen wurden genutzt, und gab es auch Chancen, die nicht wahrgenommen wurden?
14. Haben Sie innerlich Partei ergriffen? Wessen und warum?
15. Ab wann war eine Lösung möglich?
16. Gab es nur eine Lösung? Fallen Ihnen noch andere ein?

17. Haben sich beide gleichmäßig an der Lösungssuche beteiligt?
18. Ist die gefundene Lösung aus Ihrer Sicht tragfähig und praktikabel?
19. Glauben Sie, dass Heidi und Reiner diese Lösung vor den Eltern vertreten können?

12. Wer, wie, wo und wieso?

12.1 Fragen über Fragen!

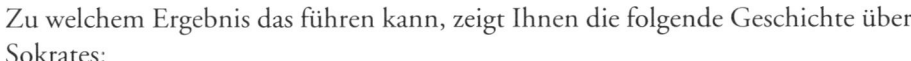

STRUKI liest vor: Fragen sind ein wesentlicher Bestandteil jedes gelungenen Gedankenaustausches. Der Fragende erfährt etwas über die Kenntnisse, Meinungen, Absichten und Vorstellungen seines Gesprächspartners. Fragen können den Verlauf eines Gesprächs bestimmen:

➔ Sie setzen Schwerpunkte.

➔ Sie strukturieren.

➔ Sie erweitern oder begrenzen das Thema.

➔ Sie verallgemeinern oder konkretisieren etwas.

➔ Sie können das Gespräch in eine bestimmte Richtung lenken.

Zu welchem Ergebnis das führen kann, zeigt Ihnen die folgende Geschichte über Sokrates:

„Halte ihn", ruft ein Verfolger Sokrates zu, der zwischen ihm und dem Flüchtenden steht. „Er ist ein Mörder."

„Was verstehst du unter einem Mörder?"

„Dumme Frage, einen Menschen, der tötet!"

„Einen Metzger also?"

„Alter Narr! Ich meine einen Menschen, der einen anderen tötet."

„Also einen Soldaten?"

„Unsinn! Einen, der einen anderen in Friedenszeiten tötet."

„Aha, einen Henker?"

„Verdammter Esel! Einen Mann, der einen anderen in dessen Haus tötet."

„Einen Arzt?"

Da gab es der Verfolger auf und ließ den Mörder laufen.

In dieser Geschichte ging es dem einen Gesprächspartner um ein ganz konkretes Anliegen: den Mörder zu fangen. Sein Gesprächspartner Sokrates hatte daran nicht das geringste Interesse und führte das Gespräch in ganz andere Bahnen. Der Mörder entkam, der Verfolger wurde von seinem Ziel abgelenkt und in eine andere Denkrichtung verwickelt. Dies war möglicherweise eine gelungene Ablenkung, aber keine gelungene Kommunikation.

Wenn Fragen zur Kommunikation beitragen sollen, muss der Fragende vor allem genau zuhören. Nur ein aufmerksamer Zuhörer kann gezielte Fragen stellen. Gute Fragen können:
➜ Mut machen, genauer hinzuschauen.
➜ Ein Angebot sein, ein Thema aus einem anderen Blickwinkel zu betrachten.
➜ Zu mehr Kenntnis verhelfen und Klarheit schaffen.
➜ Missverständnisse beseitigen.
➜ Verständnis und Nähe herstellen.

Schauen wir uns zunächst an, welche Arten von Fragen es gibt, und welche wann förderlich oder hinderlich sind. Zunächst die verschiedenen Arten von Fragen:

Geschlossene Fragen:

Geschlossene Fragen sind mit JA oder NEIN oder einer präzisen Aussage zu beantworten. Sie beginnen oft mit einem Verb oder Hilfsverb oder mit den Worten: Wer, wann, wo, wie oft. Beispiele:
➜ Kennen Sie „Die Zauberflöte"?
➜ Wohnen Sie in dieser Straße?
➜ Gehst du heute Abend ins Kino?
➜ Waren Sie schon mal auf Kreta?
➜ Findest du auch, dass es zu spät ist, um auszugehen?
➜ Wer hat die Haustür offen gelassen?

Geschlossene Fragen sind sinnvoll, wenn Sie jemanden dazu bringen wollen, sich genau zu äußern, das Augenmerk auf einen bestimmten Punkt zu legen oder weniger weitschweifig zu sein. Geschlossene Fragen sind unerlässlich, wenn Sie sachliche Informationen oder Zusammenhänge erkunden wollen.

Um die Kraft geschlossener Fragen zu entdecken, nehmen Sie bitte das *Arbeitsblatt „Der Klempner kommt"*.

12.2 Arbeitsblatt:
Der Klempner kommt

STRUKI liest vor: Bilden Sie Dreiergruppen: Einer ist der Klempner. Einer ist eine wortreiche Heimleiterin. Der Dritte ist der Beobachter.

Situation: Ein Klempner wird Montag früh von der Heimleiterin in ein Altersheim gerufen. In der Küche steht Wasser. Der Klempner vermutet nach grober Einschätzung der Lage ein defektes Rohr. Er kann aber nicht ausschließen, dass irgendjemand Geräte unfachmännisch angeschlossen hat, denn er steht zum ersten Mal in dieser Küche:
Klempner: „Ja, was ist denn hier los?"
Heimleiterin: „Na, das will ich ja von Ihnen wissen! Gestern war ja Sonntag, und da gehe ich nach 15 Uhr nicht mehr in die Küche. Seit wir die neue Hausordnung haben, machen sich unsere Leute nämlich das Abendbrot selber. Wir kriegen doch sonntags jetzt auch das frische Brot vom Bäcker Müller. Haben Sie schon gehört, dass der jetzt auch im Nachbardorf eine Filiale aufmachen will …?"

→ In Ihren Dreiergruppen spielen Sie diese Szene noch mal nach. Die Heimleiterin darf ihre Ausführungen blumig ausschmücken!
→ Der Klempner versucht nun, mit geschlossenen Fragen Informationen darüber zu sammeln, was – wo – wie geschehen sein könnte.
→ Sie haben fünf Minuten Zeit zum Spielen.

STRUKI beendet diesen Teil der Übung. Die Gruppen bleiben für den nächsten Teil zusammen und nehmen das *Arbeitsblatt „Tobi ist weg"*!

12.3 Arbeitsblatt:
Tobi ist weg

STRUKI liest vor:

→ Wer zuletzt Beobachter war, spielt jetzt die Rolle des Fragenden (Polizist).
→ Wer zuletzt Klempner war, spielt die Rolle einer völlig aufgelösten Frau Pritsch. (Eine spezielle Information nur für Frau Pritsch finden Sie auf Seite 163)
→ Wer zuletzt Heimleiterin war, ist jetzt Beobachter.

Situation:
....

Frau Pritsch erscheint aufgeregt auf dem Polizeirevier. Der Polizist fragt: „Was kann ich für Sie tun?"
Frau Pritsch: „Mein Tobi ist verschwunden. Gott, was hänge ich an ihm! Er ist doch meine einzige Freude und noch so ein zartes Kerlchen. Erst mein Mann und nun der Tobi! Sie müssen mir helfen, es wird doch schon bald dunkel, und er ist erst drei! ... Gerade habe ich wieder gelesen, dass die Polizei bürgernah sein soll. Ich habe diesen Bürgermeister zwar nicht gewählt, aber da hat er wirklich Recht. Meine Schwester liegt auch noch im Krankenhaus, so viel Unglück in unserer Familie, womit haben wir das verdient?"

Spielen Sie nun weiter in dieser Szenerie. Der fragende Polizist versucht, mit geschlossenen Fragen den Tatbestand zu ermitteln. Er muss herausfinden, was geschehen ist und wer Tobi ist. Frau Pritsch darf ihre Ausführungen sehr dramatisch gestalten.

STRUKI ruft nach dem Spiel alle wieder in die Runde.

Auswertung:
....

→ Wie ging es mit der Aufklärung?
→ Sind Sie in Fallen gelockt worden?
→ Wann waren geschlossene Fragen hilfreich?

12.4 Wer offen fragt, erfährt viel!

STRUK! liest vor: Wann geschlossene Fragen sinnvoll sind, haben Sie in den letzten Rollenspielen geübt. Erfahrungsgemäß neigen wir aber auch dann zu diesen geschlossenen Fragen, wenn wir durch offene Fragen viel mehr erfahren würden.

Offene Fragen können beginnen mit den Worten: wie, welche, was, warum. Sie sind ein Angebot an den Gefragten, sich oder sein Anliegen zu erklären.

Die offene Frage:

→ Gibt dem Gesprächspartner Raum.
→ Regt zum Nachdenken und Klären der eigenen Positionen an.
→ Aktiviert den Mitteilungswillen des Gefragten.
→ Zeigt Interesse auf Seiten des Fragenden.

Beispiele für offene Fragen:

→ Was macht Ihnen an der Situation Angst?
→ Welche Vorstellungen haben Sie von dieser Arbeit?
→ Was müsste geschehen, damit Sie sich hier wohlfühlen?
→ Wie hat Ihnen Tunesien gefallen?

Viele Fragen könnten Sie statt in geschlossener, in offener Form stellen, z.B:
→ „Hatten Sie eine gute Reise"? (geschlossene Frage)
→ „Wie war Ihre Reise"? (offene Frage)

Können Sie sich vorstellen, wie unterschiedlich die Antworten ausfallen würden? Um erfolgreich zu kommunizieren, werden Sie sowohl offene wie geschlossene Fragen einsetzen. Um nun Ihre Kompetenz in punkto offene Fragen zu stärken, nehmen Sie bitte das *Arbeitsblatt „Kommunikationsöffner"*.

12.5 Arbeitsblatt:
Kommunikationsöffner

STRUKI liest vor: Hier ist eine Liste mit geschlossenen Fragen. Bitte wandeln Sie diese in offene Fragen um. Machen Sie diese Übung in der Runde; reihum kommt jeder dran.

Beispiele:

Gefällt Ihnen dieser Hut?   →   Geschlossene Frage
Wie gefällt Ihnen dieser Hut?   →   Offene Frage

1. Passt Ihnen dieser Termin?
2. Kommen Sie mit den Krücken durch die Tür?
3. Kommst du heute Mittag?
4. Hältst du mich für hübsch?
5. War der Film gut?
6. Ist Gelb deine Lieblingsfarbe?
7. Macht dir Wandern Spaß?
8. Meinen Sie wirklich, dass Ihre Frau nicht ohne Sie auskommt?
9. Fahren Sie nach der Besprechung gleich nach Hause?
10. Gibt es einen Einwand?
11. Ist es nicht eindeutig so, dass die bayerischen Schulen die besten sind?
12. Essen Sie auch lieber italienisch?
13. Haben Sie einen Anteil an dem Problem?
14. Können Sie mit diesem Gehalt leben?
15. Stehen Sie positiv zu diesem Projekt?
16. Sind damit alle Voraussetzungen gegeben, um weiterzuarbeiten?
17. Ist es das, was Sie wollen?
18. Können Sie sich erklären, wieso es bisher keine Lösung gab?
19. Sehen Sie Ihre Verantwortung?
20. Haben Sie den Kontakt zu Ihrer Freundin ganz abgebrochen?

STRUKI liest nach dieser Runde vor: Vielleicht ist Ihnen aufgefallen, dass einige dieser geschlossenen Fragen sehr suggestiv waren („Essen Sie auch lieber italienisch?"). Man nennt diese auch *rhetorische* Fragen. Sie können damit jede Kommunikation zum Stillstand bringen. Gleiches gilt für die *alternativen* Fragen, etwa: „Hat das Ihr Bruder vorgeschlagen oder Ihr Mann?" Ebenso vernichtend sind oft *provozierende* Fragen: „Wollen Sie tatsächlich auf diese Chance verzichten?" Halten Sie sich also an offene Fragen, wenn Sie etwas über Herrn Keller – den Sie im folgenden Rollenspiel kennen lernen werden – erfahren wollen.

12.6 Rollenspiel: Baumarkt

STRUKI liest vor: Folgende Situation: Herr Keller ist seit zwölf Jahren bei OBI, und er war immer wieder „Mitarbeiter des Jahres". In letzter Zeit macht er sehr viele Fehler und wirkt bedrückt und zerstreut. Herr Keller hat zu manchen Zeiten auch Kassendienst; seit einiger Zeit fehlen in der Kasse immer mal wieder glatte Beträge, meist 100,– DM. Der Filialleiter, Herr Franzen, stellt Herrn Keller zur Rede. Er muss ihm sagen, dass er mit seiner Leistung nicht zufrieden ist, und er muss klären, ob Herr Keller etwas mit den Kassendiebstählen zu tun hat. Das wird ihm nur gelingen, wenn er durch die richtigen Fragen und viel Aktives Zuhören Herrn Kellers Vertrauen gewinnt! Das ist die Aufgabe:

→ Entscheiden Sie, wer Herrn Keller spielen will.
→ Wenn Sie in Ihrer Gruppe mehr als neun Teilnehmer sind, gehen zwei Personen, die nacheinander Herrn Franzen spielen wollen, aus dem Raum (sonst nur einer).
→ Herr Keller bleibt im Raum.

STRUKI liest weiter:

→ Auf Seite 163 steht, warum Herr Keller so merkwürdig ist. Lesen Sie es der Gruppe vor.
→ Bitten Sie den ersten Herrn Franzen herein.
→ Fangen Sie an zu spielen.
→ Sie haben zehn Minuten Zeit.
→ Wenn es einen zweiten Herrn Franzen gibt, bitten Sie ihn nun herein und spielen das ganze Rollenspiel noch einmal.

Auswertung:

STRUKI fragt:

→ Hat Herr Keller sich Herrn Franzen anvertraut?
→ Warum?
→ Was hat Herrn Keller gut getan?
→ In welcher Weise hat Herr Franzen das Gespräch geführt? (Welche Art Fragen? / Aktives Zuhören?)
→ Wird Herr Keller im Baumarkt bleiben?

Hinweis: Im Anhang finden Sie zum Thema Fragen ein weiteres *Arbeitsblatt: „Offene und geschlossene Fragen".*

13. Verhandlungskünstler

13.1 Zehn Schritte zur Lösung – ein Verhandlungsmodell

STRUKI liest vor: Wir stellen Ihnen jetzt ein Verhandlungsmodell vor, anhand dessen Sie in einer konkreten Konfliktsituation vorgehen können, wenn der andere Partner auch bereit ist.

Dieses Modell ist lösungsorientiert und eignet sich hervorragend als roter Faden für die Gesprächsführung. Es besteht aus zehn Schritten. Natürlich müssen Sie sich nicht zwanghaft daran halten. Sie werden aber merken, dass die tragfähigsten Lösungen dann entstehen, wenn diese verschiedenen Aspekte, die alle ihre eigene Wichtigkeit haben, im Laufe der Auseinandersetzung berücksichtigt worden sind:

➔ Die Kontrahenten A und B haben schon intensiv über den Konflikt gesprochen und so weit wie möglich geklärt, wie jeder die Situation sieht.
➔ Nun wollen sie den Konflikt lösen. Hier setzt das Modell an.
➔ Beide sind bereit, sich an die Gesprächsregeln zu halten:
➔ Keine Beleidigungen und keine Angriffe. (Wer sich beleidigt fühlt, sagt es.)
➔ Jeder darf ungestört ausreden.

1. Schritt: A beschreibt, was er will.

Beispiel: „Ich möchte, dass du den Versicherungskram machst."

2. Schritt: A beschreibt, wie es ihm in dieser Situation geht.

Überspringen Sie diesen Schritt auf keinen Fall. Es gibt immer Gefühle, und wenn sie nicht anerkannt werden, wird die Lösung sich viel schwieriger gestalten. Beispiel: „Ich fühle mich damit unsicher und überfordert."

3. Schritt: A beschreibt die Gründe für seine Wünsche und Gefühle.

Beispiel: „Ich denke, dass ich das nicht so gut kann, es eventuell falsch mache und keine Lust habe, nachher von dir beschimpft zu werden, wenn etwas schief geht."

4. Schritt: B darf nachfragen, wenn er etwas nicht verstanden hat.

B fasst zusammen, welche Wünsche, Gefühle, und Gründe A genannt hat. Beispiel: „Du möchtest also den Versicherungskram nicht machen, weil du denkst, du könntest es vielleicht nicht so gut, und ich würde dann nachher mit dir schimpfen. Ist das so richtig?"

5. Schritt: B beschreibt, was B will.

6. Schritt: B beschreibt, wie es ihm in dieser Situation geht.

7. Schritt: B beschreibt die Gründe für seine Wünsche und Gefühle.

8. Schritt: A darf nachfragen und fasst zusammen, bis B sich verstanden fühlt.

9. Schritt: A und B denken sich jeder zwei mögliche Lösungen aus, die den Bedürfnissen beider am ehesten gerecht werden:

Plan A ....   Plan B ....   Plan C ....   Plan D ....

10. Schritt: Gemeinsam wählen Sie den weisesten Plan.

Das kann eine Kombination von Elementen aus verschiedenen Lösungen sein. A und B finden heraus, was für sie unverzichtbar ist; die gemeinsame Lösungssuche kann eine Weile dauern. A und B bekräftigen die Vereinbarung mit einem Handschlag!

13.2 Arbeitsblatt: Verhandeln Sie!

STRUKI liest vor: Klären Sie in der großen Gruppe, ob alle das Modell verstanden haben und es jetzt ausprobieren möchten. Es folgen Beispiele, die Sie zum Üben benutzen können; wir schlagen Ihnen vor, das erste Beispiel gemeinsam zu spielen, die weiteren dann zu zweit. Entscheiden Sie, wer spielen will.

Beispiele:

1. A hat B's sauberes, vollgetanktes Auto ausgeliehen und es dreckig mit leerem Tank wieder vor die Tür gestellt. Mit dem Schlüssel hat A 50 DM fürs Benzin dagelassen. B ist empört, und A weiß gar nicht warum.

2. In einem Zweifamilienhaus: A stellt die Heizung im Hausflur immer aus, weil dort sein Oleander überwintert; B stellt sie immer wieder an, weil die Kälte aus dem Flur in seine Wohnung zieht.

3. Im Büro: Wenn A beschäftigt ist, lässt er sein Telephon viermal durchklingeln, bis es auf den Apparat von B umschaltet. A hat dadurch ungestört Zeit zum Arbeiten, und B findet das einfach unkollegial.

4. A will B nicht zum Familientreffen ihrer Familie begleiten. Er findet Familientreffen langweilig und kommt sich überflüssig vor. In B's Familie ist es aber üblich, dass die Angeheirateten mitkommen. Sie hat keine Lust auf dumme Anspielungen über den Zustand ihrer Ehe.

Auswertung alle zusammen

STRUKI fragt:
→ Hat's geklappt?
→ Haben Sie Lösungen gefunden?
→ Was war schwierig?
→ Haben Sie Ihre Kenntnisse genutzt?
  (Aktives Zuhören????)

14. Die Kunst des Feedbacks

14.1 Rückmeldung will gelernt sein

STRUKI liest vor: Nehmen wir mal an, Ihre Freundin ist demnächst zu einem Vorstellungsgespräch eingeladen. Sie möchte sich gut vorbereiten und bittet Sie, den Personalchef zu spielen und ihr kritische Fragen zu ihrer bisherigen Arbeit zu stellen. Danach möchte sie Rückmeldung, welchen Eindruck sie gemacht hat. Diese Art der Rückmeldung nennt man Feedback. In unserem Beispiel sind zwei wichtige Kriterien für Feedback erfüllt:

1. Der Zeitpunkt ist richtig, denn den bestimmt der Feedbacknehmer.
2. Ihre Freundin hat Sie um das Feedback gebeten, d.h., sie ist offen dafür.
3. Ihre eigene Motivation ist klar. Überprüfen Sie diese immer, bevor Sie Feedback geben,

Wenn Sie sich jetzt darauf einlassen, Ihrer Freundin Feedback zu geben, müssen Sie mit ihr klären, dass sie als *Empfängerin* von Feedback:

➡ Nur zuhören, nachfragen und klären darf.

➡ Nicht argumentieren, verteidigen oder Gegenangriffe starten darf. (Kein Feedback auf Feedback!!)

➡ Damit Feedback Sinn macht, damit jemand davon profitieren und daran wachsen kann, müssen Sie selbst bestimmte Regeln einhalten:

➡ Geben Sie Feedback nur, wenn der andere es möchte. Ihr Feedback wird wirkungsvoller sein, wenn Sie es nicht aufdrängen, sondern sich vorher vergewissern, ob der andere bereit ist, es anzunehmen.

→ Geben Sie Ihre Wahrnehmungen in Form von Ich-Botschaften: „Ich habe mich gefragt, warum du überhaupt die Firma wechseln willst, das kam für mich nicht klar heraus."

→ Beziehen Sie sich auf konkrete Einzelheiten: „Du hast bei der Frage nach dem Gehalt an deinem Ring gedreht. Das habe ich als Ausdruck von Unsicherheit gesehen ..." Oder: „Richtig interessant fand ich, wie begeistert du über dein spanisches Projekt gesprochen hast. So viel Schwung hat auf mich geradezu ansteckend gewirkt. Außerdem hast du mir dabei die ganze Zeit ins Gesicht geschaut. Das wirkte auf mich selbstsicher und vertrauenswürdig."

→ Seien Sie offen und ehrlich: „Nicht gefallen hat mir, wie sehr du auf der Arbeitszeit beharrt hast. Das wirkte auf mich unflexibel, und ich habe mich sofort gefragt, wie sich das auf den Rest des Teams auswirken würde. Und dann habe ich gedacht, so jemanden würde ich nicht einstellen."

Feedback ist also die Rückmeldung darüber, wie die Aussagen und Verhaltensweisen eines Menschen von anderen wahrgenommen, erlebt und verstanden werden. Feedback kann auf der Sachebene und auf der Beziehungsebene gegeben werden.

Die positiven Wirkungen des Feedback sind:
→ Durch Feedback erfahren wir, wie unsere Worte und Taten wirken.
→ Durch Feedback erhalten wir die Möglichkeit, bestimmtes Verhalten zu korrigieren und anderes zu verstärken oder zu erweitern.
→ Feedback wirft Licht auf unsere blinden Flecken!

Zum Üben von Feedback nehmen Sie bitte das *Rollenspiel: Ich sehe was, was du nicht siehst.*

14.2 Rollenspiel: Ich sehe was, was du nicht siehst

STRUKI liest vor: Folgende Situation: Florian hat einen Freund Alexander, den er sehr schätzt. Sie machen zusammen oft Bergtouren, und Florian ist dabei immer wieder von Alexanders Qualitäten beeindruckt: Zuverlässigkeit, Ausdauer, Phantasie, Kameradschaftlichkeit und Disziplin. Er ist auch nachdenklich und empfindsam.

Leider allerdings hat Alexander im Flachland auch ein paar Verhaltensweisen, die Florian gar keine Freude machen, im Gegenteil. Er hat ihn mehrere Male zu seinen Freunden aus dem Tennisclub mitgenommen. Dies sind Florians älteste Freunde, und sie können miteinander nächtelang über Gott und die Welt diskutieren.

Alexander hingegen, den Florian eigentlich gerne mit in diese Clique gebracht hätte, würgt spätestens nach dem zweiten Bier jedes interessante Gespräch durch einen blöden Witz oder Kalauer ab. Er wird grob, baggert die Mädchen an, die sich auch schon darüber beschwert haben, gibt mit seinen Beziehungen an und nervt, weil er das Gespräch dominieren will.

Florian sieht das Geschehen mit Entsetzen. Er will verhindern, dass die anderen sich so über Alexander ärgern, dass sie ihn nicht mehr dabeihaben wollen. Ihm ist die Freundschaft sehr wichtig. Als Alexander ihn anruft und fragt, warum er zu einem Fest der Tennisclique nicht eingeladen worden ist, und wissen will, ob er irgendetwas falsch gemacht hat, ergreift Florian die Gelegenheit, ernsthaft mit Alexander zu reden.

→ Als Florian haben Sie die Aufgabe, Alexander nach allen Regeln der Kunst (lesen Sie diese noch mal durch!) ausführlich Feedback zu geben. Versuchen Sie bei diesem Schritt nicht, nach einer Lösung zu suchen.
→ Alexander ist völlig überrascht, dass sein Verhalten so viel Ärger auslöst. Er hält sich aber auch an die Feedbackregeln. Er darf nachfragen und klären, was er nicht versteht.

→ Suchen Sie sich einen Partner. Einer ist Florian / einer Alexander.

→ Los geht's, Sie haben fünfzehn Minuten Zeit.

Auswertung in der großen Runde

STRUKI fragt:

→ Wie war es für Alexander, seinen blinden Fleck vorgeführt zu bekommen?

→ Wie war es für Florian, seinem Freund etwas so Unerfreuliches mitteilen zu müssen.

→ Ist es gelungen? Wie stehen Alexander und Florian jetzt zueinander?

STRUKI sorgt dafür, dass die Auswertung nicht in eine *Ja-aber*-Diskussion entgleitet.

Nehmen Sie zur Vertiefung Ihrer Feedback-Kenntnisse nun bitte das *Rollenspiel „Porsche-Niederlassung"*.

14.3 Rollenspiel: Porsche-Niederlassung

STRUKI liest vor: Es wird nicht immer so sein, dass jemand Sie direkt um ein Feedback bittet. Besonders im Arbeitsleben taucht manchmal die Notwendigkeit oder ein Bedürfnis auf, das Verhalten eines anderen unaufgefordert anzusprechen.

Die Situation:

Iris Z. (30 J.) arbeitet seit vier Jahren in der Porsche-Niederlassung. Ihre Arbeit macht ihr Spaß, und mit den zuweilen etwas hochnäsigen Kunden kommt sie in ihrer vergnügten Art bestens zurecht.

Gisela B. ist seit einem halben Jahr ihre neue Kollegin. Sie ist 28 Jahre alt, fröhlich, tüchtig und eine richtig gut aussehende Blondine.

Iris schätzt Gisela als Kollegin sehr, mit einer Ausnahme: Gisela flirtet hemmungslos und zum Teil provokativ mit der Kundschaft. Iris findet, dass Gisela sich dabei lächerlich macht. Außerdem hat sie neulich einen Kunden zum anderen sagen hören: „ Geh zu der Blonden, die ist 'ne schnelle Nummer." Gerade weil Iris sie wirklich nett findet, möchte sie Gisela einen Hinweis darauf geben, was ihr Verhalten bei den Männern auslöst.

Eine gute Gelegenheit bietet sich, als Gisela kurz vor Feierabend sagt: „Jetzt bin ich schon sechs Monate hier, wollen wir nachher zusammen ein Gläschen darauf trinken?"

Iris beschließt, diesen Abend für ein Feedback zu nutzen. Sie kennt die Feedback-Regeln. Sie will erreichen, dass Gisela versteht, was sie durch ihr Verhalten auslöst, damit Gisela sich und ihren Ruf besser schützen kann. Wenn Gisela sich gegen das, was Iris ihr erzählt, heftig wehrt, kann Iris dem nur mit Aktivem Zuhören begegnen.

Zur Rolle von Gisela: Gisela ist sehr mit sich zufrieden. Sie hat die Vorstellung, dass die Männer sie einfach mögen; sie liebt Ausgehen, auch mit Kunden aus der

Firma, und hat einfach Freude an ihrem freien Leben. Sie findet auch, der Ernst des Lebens käme noch früh genug. Sie hat keine Ahnung von Feedback-Regeln, ist aber bereit, Iris zuzuhören. Sie kann kaum glauben, welchen Eindruck sie nach Iris Aussagen bei den Kunden macht.

➜ Bilden Sie Dreiergruppen, einer ist Beobachter.
➜ Wer im vorigen Rollenspiel Florian war, ist jetzt Gisela oder Beobachter.
➜ Los geht's, Sie haben 15 Minuten Zeit.
➜ Die Auswertung machen Sie dieses Mal in der Kleingruppe. Der Beobachter erzählt Iris, was aus seiner Sicht gut geklappt hat (Feedback!).

15. Gut behütet,
gut bedacht ...!

15.1 „Die Sechs Denk-Hüte" von Edward de Bono

STRUKT liest vor: Sie alle kennen Diskussionen in der Gruppe, die sich im Kreise drehen, lange dauern und doch unproduktiv enden. Sie schaffen möglicherweise neue Konflikte, statt die alten zu lösen.

Edward de Bono, Managementberater und Autor mehrerer erfolgreicher Bücher zum effektiven Denken, hat aus Ergebnissen der modernen Gehirnforschung ein Modell entwickelt, mit dem ein Team seine Denkpotenziale sinnvoller nutzen kann. Er nennt es *Die Sechs Denk-Hüte.* Verkürzt und im Kern geht es darum, gemeinsam in der Gruppe jeweils einen Aspekt des Problems zu beleuchten, ohne in die „Ja-aber-Falle" des kontroversen Denkens und Diskutierens zu stolpern.

Die Wissenschaft geht heute davon aus, dass die Chemikalien im Gehirn auf unterschiedliche Weise reagieren, je nachdem ob wir kreativ, positiv oder negativ denken. Dieser Einsicht folgend, lohnt es, die unterschiedlichen Denkweisen voneinander getrennt zu halten. So kann ungehindert eine größtmögliche Bandbreite von Ideen entstehen.

Das Vorgehen sieht so aus:
1. Ein Team ist auf der Suche nach der besten, vollständigsten Lösung für eine klar umrissene Frage.
2. Der Teamleiter strukturiert die Sitzung nach sechs Aspekten.
3. Jedem dieser Aspekte ist ein imaginärer farbiger Hut zugeordnet.
4. Der Teamleiter gibt vor, welcher Aspekt behandelt wird.
5. Beiträge der Teilnehmer zu anderen Aspekten müssen warten, bis der dazugehörige Hut dran ist. Das bedeutet, dass alle Teilnehmer der Runde zum gleichen Zeitpunkt in die gleiche Richtung denken. Niemand ist mit Gegenargumenten beschäftigt.

Die Hüte im einzelnen

1. Der weiße Hut: Aspekt Information und Wissen

Die Schlüsselfragen dazu sind: Über welche Informationen verfügen wir? Welche Informationen fehlen? Wie kommen wir an die Informationen, die wir brauchen? Es muss klar festgestellt werden, um welchen Informationstypus es sich handelt (z.B. Erfahrung, Meinung, Statistik, Medien ...). Jeder, der etwas zum Aspekt Informationen zu sagen hat, kann das beisteuern – aber eben nur das!

2. Der rote Hut: Aspekt Gefühl

Der rote Hut steht für Gefühle, die mit dem Thema verbunden sind. Sie müssen nicht gerechtfertigt werden. Auch ambivalente Gefühle, Vorahnungen und Intuitives können geäußert werden.

3. Der schwarze Hut: Aspekt kritisches Denken

Passen die Informationen zusammen? Sind sie überzeugend? Gibt es Widersprüche? Welche Gefahren, Probleme, Schwierigkeiten, Risiken gibt es? Diese Aussagen müssen begründet werden!

4. Der gelbe Hut: Aspekt Vorteile

Mögliche Chancen, Nutzen, Ersparnisse, Durchführbarkeit – nur Positives! Begründungen für die Aussagen!

5. Der grüne Hut: Aspekt Kreativität

Neue Ideen, Vorschläge, andere Möglichkeiten, Provokationen, Alternativen, aktives Denken; keine Begründungen = Aktion und Energie.

6. Der blaue Hut: Der Metahut

Der Metahut schaut von oben runter: Wo stehen wir jetzt, Zusammenfassung, nächster Schritt, Beobachtung und Kommentar. Mit allen anderen Hüten denken wir über das Thema nach, mit dem blauen Hut denken wir über das Denken nach.

Um dieses Modell auszuprobieren, nehmen Sie bitte das *Arbeitsblatt: Konzertierte Aktion.*

15.2 Arbeitsblatt:
Konzertierte Aktion

STRUKI liest vor: Sie sitzen in der Runde. Sie suchen sich eines der folgenden Themen aus, um damit *Die Sechs Denk-Hüte* zu erproben:
1. Sollten gläubige muslimische Schülerinnen in einer deutschen Schule Kopftücher tragen dürfen?
2. Sollten die öffentlichen Schwimmbäder Freitag / Samstag / Sonntag bis 24 Uhr geöffnet sein?
3. Sollte das Tragen von Schuluniformen generell vorgeschrieben werden?
4. Sollten Arbeitslose zu gemeinnützigen Arbeiten verpflichtet werden können?

→ Benutzen Sie die bei den Hüten angegebenen Stichworte als Anhaltspunkte!
→ Sie beginnen mit dem weißen Hut und tragen alles zusammen, was Ihnen „unter diesem Hut" an Informationen einfällt.
→ Erst dann setzen Sie den roten auf und äußern alle Gefühle, die zu dem Thema im Raum sind.
→ Keine Begründung – keine Antwort – keine Bewertung!
→ Unter dem schwarzen Hut sammeln Sie alle kritischen Aspekte einschließlich der Begründungen.
→ Unter dem gelben Hut tragen Sie alle Vorteile zusammen einschließlich der Begründungen.
→ Unter dem grünen Hut lassen Sie Ihrer Kreativität freien Lauf!
→ Unter dem blauen Hut stellen Sie sich vor, Sie würden von oben herab auf all das blicken, was Sie jetzt schon haben. Daraus könnte sich ergeben, dass Sie einen oder mehrere Hüte noch einmal aufsetzen, weil sich herausstellt, dass Ihnen zu diesem Bereich noch etwas fehlt.

Auswertung:

→ Was haben Sie durch diese Methode erfahren?
→ Ging es Ihnen unter einem bestimmten Hut besonders gut? Warum?
→ Ist Ihnen diese Denkweise besonders vertraut?
→ War es schwierig, nicht zu widersprechen?
→ Wo könnten *Die Sechs Denk-Hüte* hilfreich sein?

Hinweis:
Die Sechs Denk-Hüte eignen sich aus unserer Erfahrung hervorragend für Diskussionen in der Familie – z.B.: „Wo wollen wir Ferien machen?" („Ich will endlich mal zelten!") Den Ansatz verstehen auch Kinder schon. Wir kennen eine Grundschullehrerin, die zu diesem Zweck sechs farbige Hüte im Klassenschrank hat.

16. Nachlese

STRUKI liest ein letztes Mal vor: Uns gefällt die Vorstellung, dass Sie jetzt jeder einzeln und als Gruppe viele Werkzeuge erworben haben, die Sie in friedlichen wie in turbulenten Zeiten einsetzen können. Wir hoffen sehr, dass Ihnen Theorie und Praxis gleichermaßen Spaß gemacht haben.

Zum Abschluss schlagen wir Ihnen vor, einen Brief an sich selbst zu schreiben (Seite 134). Nehmen Sie sich dafür genügend Zeit. (STRUKI sammelt diese Briefe im geschlossenen, an Sie selbst adressierten Umschlag ein und schickt sie in vier Wochen an Sie ab.)

→ Kommen Sie nun wieder im großen Kreis zusammen, um als Streitschul-Gruppe Abschied voneinander zu nehmen.

→ Denken Sie jeder für sich fünf Minuten über die positiven, schönen, erfreulichen, lehrreichen, bereichernden, lustigen, aufbauenden Seiten Ihrer Mitstreiter in der Gruppe nach.

→ Gehen Sie dann von einem zum anderen und erzählen Sie sich gegenseitig, was Ihnen alles Schönes eingefallen ist.

→ Gehen Sie großzügig und üppig mit Komplimenten um.

→ Verwöhnen Sie einander!

Wir verabschieden uns auch von Ihnen und begrüßen Sie zugleich im Kreis all jener, die ihre Handlungsspielräume nutzen wollen und sich als Gestalter ihres Lebens begreifen.

PS: Wir freuen uns, wenn Sie uns schreiben, welche Erfahrungen Sie mit der *Streit-schule* gemacht haben. Bitte lassen Sie uns auch wissen, ob Sie einverstanden sind, dass wir Ihre Kontaktadresse an Interessierte weitergeben.

eMail: Streitschule@aol.com
www.streitschule.de

Anhang

Die KOKO-Liste

KOnflikt-KOmpetent bin ich, wenn ich ...

→ ... Konflikte erkennen und akzeptieren kann;

→ ... mein eigenes Haus kenne;

→ ... meine eigene Position, meine Bedürfnisse, Interessen und Wünsche klar darstellen kann;

→ ... genau zuhöre und durch Fragen verstehen lerne;

→ ... Andersartigkeit akzeptieren kann, ohne meine eigene Sichtweise aufzugeben;

→ ... zum Sichtwechsel bereit bin;

→ ... lösungsorientiert verhandeln kann;

→ ... wenn ich es akzeptieren kann, dass es Konflikte gibt, die zwar zu klären, aber nicht zu lösen sind;

→ ... wenn ich Konflikte nicht nur als Krise, sondern auch als Chance sehen kann.

Brief an mich selbst

Liebe/r ...,

ich möchte dich daran erinnern, dass du am letzten Tag der *Streitschule* einige Wünsche ausgesprochen, Vorsätze gefasst und Pläne geschmiedet hast.

Das klang so: ....

....

....

Wenn du auch nur einen Bruchteil all dessen verwirklicht haben solltest, wolltest du dir als Belohnung gönnen:

....

....

....

Dabei wünsche ich dir viel Vergnügen!

Bescheinigung

Nach vielen Stunden gemeinsamer Arbeit bescheinigen wir, die Unterzeichner, dass

....

mit Erfolg an der *Streitschule* teilgenommen hat.

Er / sie hat sich vertraut gemacht mit:
→ Werten und Überzeugungen
→ persönlichen Einstellungen und Gefühlen
→ der privaten Waffenkammer und den Streitkeulen
→ Ich-Botschaften
→ vier Ohren und vier Schnäbeln
→ Aktivem Zuhören
→ Feedback
→ Fragetechniken
→ Rollenspielen
→ Brainstorming
→ Verhandeln
→ Den Sechs Denk-Hüten

....
Ort & Datum   Unterschriften aller Gruppenmitglieder

Anfangsrunden

Vorstellung Nr. 1:

Wenn Sie sich nur oberflächlich oder gar nicht kennen, haben Sie jetzt Gelegenheit, sich miteinander vertraut zu machen:

➜ *Schritt eins:*
STRUKI schreibt die folgenden Begriffe an die Tafel: Beruf / Hobbies / Marotten / Stärken

➜ *Schritt zwei:*
Suchen Sie sich zu zweit ein ruhiges Plätzchen.

➜ *Schritt drei:*
STRUKI liest vor: Befragen Sie jetzt Ihre Partner fünf Minuten zu diesen Themen. Der Fragende hört genau zu, darf sich aber keine Notizen machen. Dann wechseln Sie. Danach werden wir alle wieder zusammenkommen, und jeder wird seinen Partner in der großen Gruppe vorstellen.

➜ *Schritt vier:*
Jeder Teilnehmer stellt seinen Partner in der großen Gruppe vor. Der Vorgestellte bestätigt, dass alles Wichtige gesagt wurde, oder ergänzt es noch. Es gibt keine Diskussion über das Vorgetragene.

Vorstellung Nr. 2:

Für Teilnehmer, die sich gut kennen:

STRUKI liest vor: Denken Sie einen Moment nach, wie Sie Ihr Streitverhalten – bis heute natürlich – mit einem phantasievollen Begriff oder Wort oder Bild benennen können und stellen Sie sich der Gruppe mit Ihrem Namen und diesem Begriff vor, z.B.: „Ich bin Franz, der stumme Brüter" oder: „Friederike, die immer Fliehende" oder: „Vera, die sich um die Wahrheit kümmern muss" oder: „Anton, der Angreifer" ...

136

Oder: Bild von einem Tier, das Ihr Streitverhalten symbolisiert, und entsprechenden Namen, z.B.: „Ich bin Marcella, die wie ein scheues Reh davonläuft" oder: „Ich bin Silvia, die ein elefantöses Gedächtnis für Kränkungen hat."

Die Smartie-Sause:

Material: Eine große Rolle Smarties

STRUKI schreibt vorab fünf Fragen an die Flipchart:
→ Blau: Wofür habe ich Anerkennung verdient?
→ Rot: Was war mein zweitpeinlichstes Erlebnis?
→ Grün: Wen würde ich gerne kennen lernen?
→ Gelb: Was war mein Kindertraum?
→ Braun: Auf welchem Titelbild würde ich in zwei Jahren gerne mit welcher Schlagzeile stehen?

Die Fragen werden zugedeckt. Jeder Teilnehmer nimmt sich zwei Smarties. STRUKI deckt die Fragen auf. Die Teilnehmer beantworten die Fragen, die zu ihren Farben gehören.

Das Blitzlicht:

Manchmal ist die Gruppe in dem Augenblick, in dem die Arbeit beginnen soll, noch nicht wirklich bereit (abgespannt, sorgenvoll, gehetzt ...). In diesem Fall empfehlen wir ein Blitzlicht.

Schritt eins: In beliebiger Reihenfolge sagen die Teilnehmer kurz(!), was ihnen im Augenblick im Kopf herumgeht. Keine Diskussion, keine Ratschläge!!

Schritt zwei: STRUKI fragt, ob nun alle arbeitsbereit sind, oder noch irgendetwas geklärt werden muss. Eventuell kann auch verabredet werden, dass weitere Gespräche nach der Sitzung stattfinden könnten.

Spiele

Zwischen all dem Denken und Reden tut es manchmal sehr gut zu spielen, um wach zu werden und Energie zu tanken. Die meisten Spiele sind oder erinnern an Kinderspiele, aber viele gehören zum Aufwärmrepertoire des Improvisationstheaters.

Der Wind weht über ...

Schritt eins: Sie bilden einen Stuhlkreis, ein Stuhl weniger als es Personen sind.

Schritt zwei: Ein Teilnehmer steht in der Mitte und sagt z.B: „Der Wind weht über allen, die rote Socken anhaben" (allen, die eine Brille tragen ... allen, die blonde Haare haben ...).

Alle mit roten Socken müssen aufstehen und einen anderen Stuhl finden – der Sprecher versucht auch, einen Stuhl zu ergattern. Wer übrig bleibt, geht in die Mitte – das Spiel beginnt von neuem ...

Dies ist ein sehr schnelles Spiel. Es empfiehlt sich, ein bisschen länger zu spielen, da die Spieler erfahrungsgemäß nach einer Weile sehr phantasievoll werden. Auf dem Höhepunkt des Vergnügens aufhören.

Der kippende Stuhl

1. Die Gruppe steht im Kreis, jeder stellt seinen Stuhl mit der Sitzfläche zur Kreismitte hin. Die Stühle stehen dicht beieinander und werden leicht zur Kreismitte hin gekippt. Jeder hält seinen Stuhl mit der rechten Hand fest; die linke Hand bleibt auf dem Rücken.

2. Wenn Struki „Los" sagt, lässt jeder seinen Stuhl los und greift sich den seines linken Vordermannes.

3. Ziel ist, schnell im Kreis zu laufen, ohne dass ein Stuhl umfällt.

4. Zwischendrin kann STRUKI die Anweisung geben, dass die Richtung gewechselt wird.

Klatschen

1. Alle stehen in einem großen Kreis.
2. Einer fängt an. Er schaut einem anderen aus dem Kreis fest ins Gesicht und klatscht in dessen Richtung schwungvoll in die Hände.
3. Dieser gibt die Bewegung schnell genauso an einen anderen weiter.
4. Schauen – Klatschen – Schauen – Klatschen ...
5. Nach einiger Zeit fordert STRUKI die Teilnehmer auf, schneller zu werden, bis die Bewegung wie ein schneller Fluss im Raum ist.
6. Beenden Sie das Spiel, wenn die Energie am höchsten ist!

Variation:

→ Wer nicht aufgepasst hat oder fälschlicherweise meint, er sei dran, muss aufhören.

→ Es wird gespielt, bis es noch vier Spieler gibt, die allesamt die Sieger sind!!

Das Wildschwein

1. Alle bilden einen großen Kreis, inklusive STRUKI.

2. STRUKI erzählt die folgende Geschichte mit Pathos, bleibt dabei aber im Kreis stehen: „Ich bin ein Förster auf einem Reviergang durch meinen Wald. Plötzlich höre ich das Grunzen eines Wildschweins: OINK OINK!!!"

3. STRUKI gibt dieses Grunzen laut an den Nächsten im Kreis weiter, dieser nimmt es auf und gibt es schnell weiter usw., bis das Wildschwein wieder bei STRUKI ist.

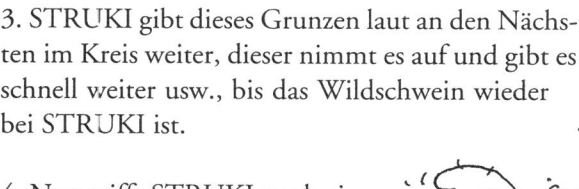

4. Nun trifft STRUKI noch einen Spanner, der im Wald herumläuft und mit dem Fernglas Ausschau hält.

5. STRUKI gibt die Fernglasbewegung an seinen Nachbarn auf der anderen Seite weiter.

6. Während „die Fernglasbewegung" in der einen Richtung im Kreis herumgeht, schickt STRUKI das Grunzen des Wildschweins in die andere Richtung im Kreis.

7. Die Spieler müssen also jetzt nach zwei Seiten aufpassen, da aus jeder Richtung ein Laut oder eine Bewegung kommen kann.

8. STRUKI kann noch eine dritte Figur einführen, nämlich den Jäger mit dem Gewehr, das „Piff Paff" macht.

9. All das möglichst schnell ablaufen lassen!

10. STRUKI beendet das Spiel, wenn der Spaß und die Verwirrung am größten sind.

Schirm und Schüssel

Ziel: Im Spiel viele Lösungen erfinden und erfahren / gut für Brainstorming!!

Material: Ein Schirm und eine Waschschüssel oder Ähnliches ...

STRUKI liest vor: (STRUKI spielt diesmal nicht mit, er ist Schiedsrichter!) Sie dürfen jetzt Ihrer Phantasie freien Lauf lassen. Es geht darum, möglichst viele phantasievolle Verwendungsmöglichkeiten für einen Gegenstand zu finden. Stellen Sie sich vor, was Sie mit einem Handtuch alles darstellen können: Es könnte Ihnen als Rock oder Stola dienen, als Bettdecke oder Zelt, als Taschentuch, Waschlappen oder als Sonnenschutz ...

Info für STRUKI: Gruppe II erfährt erst, wenn sie dran ist, dass sie nicht den Schirm, sondern eine Schüssel bekommt!!
→ Bilden Sie nun zwei Gruppen.
→ Stellen Sie sich in zwei Reihen einander gegenüber auf.

- → Sie sind zwei gegnerische Mannschaften.
- → In der Mitte liegt ein Schirm.
- → Zunächst hat Gruppe I die Aufgabe, ohne Worte darzustellen, was der Schirm sonst noch sein könnte. Jeder aus Gruppe I, dem etwas einfällt, geht in die Mitte, nimmt den Schirm und stellt wortlos etwas dar; STRUKI muss es erraten, dann gibt es einen Pluspunkt. Schnell den Schirm wieder hinlegen, ein anderer Spieler wartet schon!
- → Gruppe I hat genau drei Minuten Zeit zur Ausbreitung ihrer Phantasie.
- → Gruppe II schaut einfach zu. Vorsicht, seien Sie still, helfen Sie STRUKI nicht!
- → (STRUKI: Die Punktzahl erst bekannt geben, wenn beide Gruppen gespielt haben!)
- → Auf Los geht's los! Einer aus Gruppe II ist Zeitnehmer.
- → Nun kommt Gruppe II mit der Schüssel dran.
- → Einer aus Gruppe I ist Zeitnehmer.
- → Bekanntgabe der Sieger.

Auswertung:

- → Was ist Ihnen dabei aufgefallen?
- → Was haben Sie am Anfang gedacht?
- → Welche Gefühle haben Sie am Anfang gehabt?
- → Glaubte Gruppe II, sie wäre im Vorteil / Nachteil?
- → Was haben Sie dabei gelernt? (viele Lösungen!!!)

Menschine

1. Bilden Sie Gruppen zu sechst oder fünft oder viert.
2. Jede Gruppe hat drei Minuten Zeit, um sich eine Maschine oder eine Pflanze oder ein Tier auszudenken, das sie gemeinsam darstellen will – es gibt keine Requisiten!
3. Gruppe für Gruppe stellt ihr ... dar!
4. Die anderen müssen raten.

Reflektion:

Was haben Sie bei dieser Übung gelernt oder erfahren?

Rollenspiele

Die Mimose

STRUKI liest vor: In einer Buchhandlung. Die Kollegin Almuth Bach (42 Jahre) ist schon seit 20 Jahren in diesem Betrieb. Vor zwei Jahren ist Renate Moser (28 Jahre) neu dazugekommen. Der Besitzer, der sich überwiegend im größeren Hauptgeschäft aufhält, hat Renate Moser auch deswegen eingestellt, weil sie sich mit dem neuen EDV-System bestens auskennt.

Frau Bach pocht aber gerne auf ihre Erfahrungen und ist nicht bereit, sich von der jüngeren Kollegin etwas sagen zu lassen. Sie stellt sich so widerborstig an, dass Frau Moser es aufgegeben hat, ihr etwas zu erklären. Sie macht die ganze Büroarbeit nun selber. Renate Moser sieht aber nicht ein, dass sie wegen der Sturheit ihrer Kollegin all diese Arbeiten übernehmen soll, die fernab von der Kundschaft laufen. Schließlich hat sie diesen Beruf auch deswegen gewählt, weil sie gerne mit Menschen zusammen ist und Kunden berät. Frau Bach darauf anzusprechen, scheint ihr inzwischen fast unmöglich, weil diese beim leisesten Anflug von Kritik sofort wie ein Mimöschen reagiert und dann mehrere Stunden gekränkt ist. Eigentlich muss Renate Moser die Sache jetzt klären, sonst muss sie sich einen neuen Job suchen.

Anleitung für die Rollenspieler:

1. Fühlen Sie sich in die Rollen ein.
2. Machen Sie Selbstklärung: Gefühle und warum – Positionen – Interessen und Bedürfnisse – Erwartungen – Werte.
3. Worum geht es Ihnen also?
4. Die Aufgabe ist, mit Aktivem Zuhören vor allem die andere Seite zu verstehen, den Konflikt zu klären und dann Lösungen zu entwickeln.

Für das Spiel:

Wenn Sie möchten, suchen Sie sich einen Beobachter.
Auswertung in der Runde: Was hat schon gut geklappt?

Noch mehr Mini-Rollenspiele

Die ausführliche Anweisung zu diesen Szenen steht im *Arbeitsblatt „Beispiele aus dem Alltag"*, Seite 97f.

1. Angelika ist wütend, weil Christian das ganze Wochenende verplant hat, ohne es mit ihr zu besprechen.

2. Herr Neumann hat über drei Ecken gehört, dass sich Herr Schieler immer über seine Kleidung lustig macht. Er ist darüber sehr sauer.

3. Frau Motz ist sehr verärgert, dass Tochter Beate ihren Geburtstag vergessen hat.

4. Justus beschwert sich bei Klaus: „Man ist ja dumm, wenn man zur Freiwilligen Feuerwehr geht, man gibt ja seine ganze Freizeit auf."

5. Katharina zu Jochen: „Das ist wirklich ein bescheuerter Drucker, den du mir da empfohlen hast."

6. Die Einkäuferin zum Vertreter: „Das Zeug werde ich im Leben nicht los."

7. Henrike zu ihrem Mann: „Jedes Mal, wenn ich eine Geschichte erzähle, weißt du es besser und fällst mir ins Wort."

8. Die erste Geige zum Dirigenten: „Für mich scheinen Sie nie Zeit zu haben."

9. Vermieter zur Mieterin: „Es gab schon angenehmere Mieter als Sie."

10. Professor zum Studenten: „Das ist eine sehr ungewöhnliche Arbeit, die Sie da abgeliefert haben."

11. Wirt zum Kellner: „So werden Sie den Abend wohl kaum überstehen."

12. Tierarzt zum Hundebesitzer: „Ihr Tier ist aber sehr wohlgenährt."

13. Die Friseurin zur Kundin: „Wo waren Sie denn letztes Mal zum Schneiden?"

14. Der Zahnarzt zu seiner Helferin: „Seit Sie hier sind, dauert alles länger!"

Zuhörer in einer dramatischen Situation*

STRUKI liest vor:

1. Bilden Sie Dreiergruppen.

2. In jeder Gruppe gibt es drei Rollen: Einer hat ein Problem, einer ist Zuhörer, einer ist Beobachter.

3. Einigen Sie sich, wer welche Rolle spielen will.

4. Als Zuhörer: Stellen Sie sich vor, Ihr bester Freund (es kann natürlich auch Ihre Freundin sein) kommt aufgeregt zu Ihnen und hat ein riesiges Problem. Er muss dringend mit jemandem über dieses Problem sprechen.

5. Als „Zuhörer" haben Sie die Aufgabe, intensiv zuzuhören und nachzufragen, wenn Sie etwas nicht verstanden haben. Sie sollen dem anderen helfen, die Situation zu klären und herauszufinden, um welche Gefühle, Überzeugungen und Werte es geht: Vorrang hat die Welt des anderen! Zum Beispiel so:

a) *Kurze* Zusammenfassung des Geschehens
b) Gefühle: „Du warst ärgerlich, sauer, verzweifelt ..."
c) Überzeugung: „... weil du fandest, dachtest ..."
d) Werte: „Dir war wichtig, dass ..."
e) Erwartung: „Du hattest erwartet, dass ..."
f) Wünsche: „Du hättest dir gewünscht, dass ..."
g) Bedürfnisse oder Interessen: „Du hättest gebraucht, dass ..."

Wenn alles geklärt ist, könnten Sie eine „kluge" (weiterführende) Frage stellen, z.B.: „Was bräuchtest du jetzt, um ..." Oder: „Wie wäre es, wenn ..." Oder: „Was könntest du tun, um ..." (Nicht gefragt sind: Ratschläge – Vorschläge – Lösungen – Analysen – Übergriffe – Partei ergreifen – NUR KLÄREN!)

---

*   *Anmerkung:* Diese kleinen Szenen eignen sich, um Aktives Zuhören zu üben und die Wahrnehmungsfähigkeit zu schulen.

Die Situationen:

1. Ihr Freund / Ihre Freundin hat angetrunken einen schlimmen Unfall verursacht.
2. Er soll entlassen werden.
3. Sein Bruder will ihn bei der Erbschaft übers Ohr hauen.
4. Sein Vermieter hat Eigenbedarf angemeldet.
5. Seine Partnerin hat ihn mit jemand anderem betrogen.
6. Die Firma stellt ihn vor die Entscheidung: Karriere in einer anderen Stadt oder keine Karriere.
7. Diebe haben den Familienschmuck gestohlen. Er hatte vergessen, die Versicherung zu bezahlen.

Fangen Sie an zu spielen.

Danach in der Runde Auswertung:

→ Wie war es, sich als Beobachter nicht einmischen zu dürfen?
→ Wie war es, ganz beim anderen zu bleiben / ist es gelungen?
→ Für den Probleminhaber: Hätten Sie gern mehr Verantwortung abgegeben? Warum? Wie?
→ Was hat dem Freund gut getan?
→ Was war weniger hilfreich?
→ Wie groß war die Versuchung als Zuhörer, Eigenes mit reinzubringen?
→ Gab es Lösungen? Von wem kamen sie?
→ Haben Sie noch eigene Fragen?

Rollenspiel: Werbeagentur[*]

Martin Rademacher (48 Jahre) und Dirk Keller (35 Jahre) sind beide Angestellte einer renommierten Werbeagentur. Rademacher ist Leiter der Kreativabteilung, Keller ist einer seiner besten Texter. Es geht um einen potenziellen neuen Großkunden.

Rademacher hat einen neuen Kunden an der Agentur interessiert und ihm versprochen, in zehn Tagen, am 26. Juli, ein erstes Konzept für eine Textkampagne vorzulegen. Die Sache ist sehr eilig. Er beauftragt Keller, dieses Konzept sofort zu entwickeln. Dann geht er ganz gelassen in Urlaub, denn Herr Keller weiß genau, was erwartet wird. Am 24. Juli kommt Rademacher aus dem Urlaub zurück und ruft gleich Herrn Keller zu sich, um zu hören, was ihm an möglichen Lösungen eingefallen ist: Keller hat noch nichts gemacht!

Keller weiß, dass ihm die besten Ideen kommen, wenn er ausreichend Muße hat, die Gedanken frei schweifen zu lassen. Dazu hatte er in der letzten Woche kaum Gelegenheit, da er ein weiteres umfangreiches Projekt zu betreuen hatte, das ihn vollkommen absorbiert hat. Dass Rademacher ihm diesen neuen Kunden angehängt hat, findet er ziemlich ungerecht, denn andere Kollegen haben seiner Meinung nach viel weniger Arbeit. Er hat den Eindruck, dass er dafür bestraft wird, dass er gut ist. Als der Abteilungsleiter ihn am 24. Juli bedrängt, plädiert Keller für eine Verschiebung des Präsentationstermins. Er ist zum einen aus Rücksicht auf seine Familie nicht bereit, Nachtschichten einzulegen, zum anderen weiß er, dass ihm unter diesen Bedingungen sowieso nichts einfällt. Er hat eine Familie und braucht den Job.

---

[*] *Hinweis:* Dieses Rollenspiel eignet sich besonders, wenn Sie Ihr Konfliktverhalten in hierarchischen Strukturen kennen lernen oder erweitern möchten.

Rollenspiel: Der letzte Platz

STRUKI liest vor: Dieses Rollenspiel eignet sich gut, um Verhandeln zu üben.
1. Bilden Sie Zweier-Gruppen.
2. Spielen Sie – es geht um Verhandeln und um Lösungen, nicht um Nachgeben!

Situation:

Der Flug München – Dresden ist überbucht. Zwei Leute stehen noch am Counter, sie haben beide gültige Tickets. Die Stewardess sagt: „So, tut mir Leid, aber das ist jetzt der letzte Platz."

Die beiden fangen an zu diskutieren. Einer muss am nächsten Tag um neun Uhr als Trauzeuge in Dresden sein und hat eine riesige Vase als Geschenk dabei. Der andere hat am nächsten Tag um zehn Uhr ein Bewerbungsgespräch, das er auf keinen Fall versäumen will. Der Flug geht in 20 Minuten.

Aufgabe:

Nur einer kann mit dieser Maschine fliegen. Nutzen Sie alles, was Sie bis jetzt gelernt haben, um sicherzustellen, dass Sie Ihre Termine in Dresden wahrnehmen können.

Geben Sie nicht nach! Weichen Sie nicht! Verteidigen Sie Ihr Anliegen mit allen legitimen Mitteln und viel Phantasie! Wenn gar nichts mehr geht, verhandeln Sie über Lösungen. Es gibt garantiert welche!

Rollenspiel: Wohngemeinschaft[*]

Teilnehmer: Vier Streithähne und ein „Gast"

STRUKI liest vor: Vier Personen leben in einer sehr schönen Altbauwohnung zusammen. Immer wieder gibt es Streit über Putzen, Kühlschrank, Telephonrechnung und Badbenutzung, Lärm, Müll etc.

Morgen wird der Vermieter kommen – der Mietvertrag läuft bald aus, es ist nicht sicher, ob er Sie weiterhaben will. Den Mietvertrag haben Sie gemeinsam unterschrieben. Sie möchten die Wohnung auf jeden Fall behalten.

Der Vermieter ist – im klassischen Sinne – sehr ordentlich, und so, wie die Wohnung jetzt aussieht, würde er wohl in Ohnmacht fallen.

Die Personen:

Susanne studiert Jura und ist sehr viel zu Hause. Sie putzt meistens das Bad und das Klo, weil es sie so graust. Aber sie wirft auch einfach Handtücher oder Lebensmittel weg, wenn sie ihr zu dreckig oder eklig sind. Sie ist stinksauer über den Zustand der Wohnung und über die WG im Ganzen. Sie findet, dass sie am meisten für die Wohnung sorgt. Sie will keinen Strich mehr tun, bevor die Situation nicht geklärt ist. Sie flippt total aus, wenn sie wütend ist. Sie fällt dann über die anderen her und wird sehr persönlich und aggressiv.

Martin macht eine Lehre als Hotelkaufmann und hat zur Zeit sehr unregelmäßige Arbeitszeiten. Er kommt oft nachts spät nach Hause und macht sich dann noch etwas zu essen. Er spült dann nicht mehr ab, und außerdem nimmt er immer wieder etwas aus dem Kühlschrank, das ihm nicht gehört. Er findet die anderen an diesem Punkt spießig und nicht großzügig genug. Wenn die anderen ihn deshalb zur Rede stellen, beschwichtigt er. Er findet das alles nicht so schlimm. Martin liebt die Gruppe, er genießt die selbstverständliche Gemeinsamkeit. Susanne erinnert ihn jedoch sehr an seine Mutter!

---

[*]   *Anmerkung:* Dieses Rollenspiel eignet sich erst für „Fortgeschrittene" und kann ein ganzes Treffen dauern. Hier haben Sie Gelegenheit, wirklich alles anzuwenden, was Sie gelernt haben.

Vera ist Model und hat einen Freund in USA. Sie telefoniert viel und lang mit ihm – was die anderen nervt, weil sie das Telefon blockiert. Sie führt nicht ordentlich Buch über ihre Gespräche, so dass die anderen nie wissen, ob sie Veras Gespräche mitzahlen. Außerdem weigert sie sich häufig zu putzen bzw. ist dann nicht da, wenn allgemeiner Hausputz gemacht wird. Sie findet, es sollte eine Zugehfrau eingestellt werden (was die anderen aber nicht bezahlen können). Sie macht sich über die anderen lustig, wenn diese ihr Vorhaltungen machen. Vera hat keine andere Familie. Die WG ist ihr Zuhause und Ruhepunkt in ihrem unruhigen Leben. (Sie macht sich über die Pedanterie der anderen lustig.)

Robert ist Musiker – er war mal verliebt in Vera und kaut immer noch an seiner Enttäuschung. Er spült seine Sachen und räumt sie weg, aber alles andere lässt er stehen. Ihm ist der Zustand der Wohnung ziemlich gleichgültig, wenn nur sein Bereich in Ruhe gelassen wird. Wenn Zoff ist, schließt er sich in seinem Zimmer ein und macht ohrenbetäubend laut seine klassische Musik an, was die anderen nervt. Er ist leicht beleidigt. Er mag Martin sehr.

Gast: Gabriel ist ein gemeinsamer Freund aller. Er war in der *Streitschule* und hat das Konzept der Werte und Überzeugungen, das Prinzip der Selbstklärung, Aktives Zuhören und Verhandeln verstanden. Er kommt erst später dazu.

Seit Wochen muffeln sich die vier an oder gehen sich aus dem Weg. Früher waren sie sehr miteinander befreundet und haben auch viel miteinander unternommen. Inzwischen hat sich ziemlich viel Aggression angesammelt. Jetzt haben sie sich – ziemlich unwillig – versammelt, um über ihre WG und den drohenden Besuch des Hausbesitzers morgen zu reden. Die Lage ist kritisch, denn die Wohnung sieht schlimm aus, und bis morgen muss alles tipptopp sein, sonst können sie die Wohnung vergessen. Der Hausherr sieht alles!

Ihre Aufgabe:

→ Verteilen Sie die Rollen und fühlen Sie sich ein.
→ Die vier setzen sich an den Küchentisch und fangen mit der Auseinandersetzung an.
→ Verteidigen Sie Ihre Positionen vehement ohne Rücksicht auf die *Streitschule*.
→ Es darf ruhig Zoff geben.
→ Gabriel klingelt und kommt dazu, wenn er das Gefühl hat, dass die vier sich richtig „in der Wolle" haben.

→ Alle freuen sich, dass er kommt, und akzeptieren ihn als Neutralen.

→ Gabriel hilft allen vieren herauszufinden, worum es ihnen wirklich geht.

→ Erst wenn alle Facetten des Konflikts klar sind, hilft er ihnen, Lösungen zu suchen, mit denen wirklich alle einverstanden sind.

→ Das kann dauern!

Auswertung:

→ Wie haben sich die WG-Bewohner in ihrem Streit gefühlt, bevor Gabriel kam?

→ War jemand bockig?

→ Hat jemand etwa nur aus Müdigkeit, Resignation, Harmoniebedürfnis, Pragmatismus nachgegeben?

→ Was hat sich durch Gabriels Eintreffen verändert?

→ Wollte jemand Gabriel besonders gefallen oder gerade nicht gefallen?

→ Was hat Gabriel getan?

→ Wie hat sich dadurch der Konflikt verändert, verlagert, vertieft, geklärt?

Übungen und Arbeitsblätter

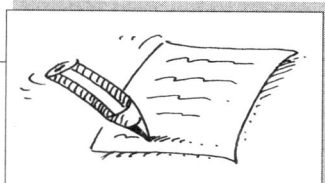

Arbeitsblatt: Fragen an mich selbst[*]

Wenn alles möglich wäre, was würde ich dann tun / sein?

Wohin sollen meine starken Gefühle gehen?

Will ich mich überhaupt verändern?

Was ist *jetzt* und was ist *Vergangenheit*?

Wovor habe ich Angst?

Was könnte passieren, wenn ich ...?

Was gewinne ich, wenn ...?

Wie sehen mich die anderen?

Wie weit will ich mich einlassen auf ...?

Welchen Faden aus der Vergangenheit kann oder will ich wieder aufnehmen?

Was macht mich glücklich, und was erfüllt mich?

Bekomme ich, was ich brauche?

Was wünsche ich mir?

Wo kann ich Entspannung finden?

Wer kann mir weiterhelfen?

Was kann ich für meinen Erfolg tun?

Was bremst mich?

Was genau vermeide ich?

Was hindert mich daran, ... zu tun?

Woran kann ich merken, ob ich auf dem richtigen Weg bin?

Wo komme ich wahrscheinlich hin, wenn ich so weitergehe?

Welche alten Muster könnte ich loslassen?

Wieso reagiere ich manchmal so ...?

Wie kann ich die augenblickliche Situation verändern?

Womit kann ich leben und womit nicht?

Was möchte ich aus meinem Leben eleminieren?

Wen könnte ich als Unterstützer haben?

Was muss ich als Nächstes tun?

Was bringt mir mein Verhalten?

Wie bringe ich in mein Leben mehr Leichtigkeit?

---

[*] Dieses Arbeitsblatt zur Selbstklärung eignet sich auch als „Hausaufgabe", während Sie sich mit Ihrem Haus beschäftigen oder jederzeit zwischendrin. Die Ergebnisse sollten *nicht* in der Gruppe diskutiert werden.

Arbeitsblatt: Was ist was?

Übung zum Erkennen und Formulieren von Ich-Botschaften. Mit diesem Arbeitsblatt können Sie wahlweise auch Aktives Zuhören üben. Anleitung Seite 87.

STRUKI liest vor: In Vierergruppen liest reihum jeder einen der unten stehenden Sätze vor; die anderen entscheiden, ob dieser Satz bei ihnen als Teil einer Ich-Botschaft oder einer Du-Botschaft ankommt. Wenn es für jemanden nach einer Du-Botschaft klingt, bittet er um eine vollständige Ich-Botschaft (siehe Seite 69ff). Sie müssen dazu Ihre Phantasie bemühen und die Situation ausschmücken! Die Empfänger entscheiden, wann die umformulierte Botschaft für sie in Ordnung ist.

→ Zur Erinnerung: Eine Ich-Botschaft sollte beim Empfänger keine Aggression auslösen! Achten Sie auch darauf, was Tonfall und Mimik bzw. Körpersprache ausmachen.

→ Versuchen Sie, daraus keine lange Diskussion zu machen, und lassen Sie unterschiedliches Empfinden einfach so stehen.

→ Achtung Falle: Nicht jeder Satz, der mit ICH anfängt, ist eine Ich-Botschaft!

→ Machen Sie diese Übung gründlich, bis Sie den Unterschied spüren und ohne große Anstrengung Ich-Botschaften formulieren können!

Beispiel:

Anton sagt: „Früher hatten wir viel mehr Spaß."

Barbara empfindet dies als Du-Botschaft, weil sie sich angegriffen fühlt. Barbara bittet Anton um eine Ich-Botschaft.

Anton sagt: „Ich möchte dir was sagen, hast du gerade Zeit? Wir unternehmen so selten etwas miteinander. Mir fehlt der Spaß, den wir dabei oft miteinander hatten. Ich fühle mich manchmal so einsam. Ich wünsche mir, dass wir uns etwas ausdenken!"

Ausgangssätze:

→ Ich finde, du bist zu selten für mich da.

→ Ich finde, ich komme in unserer Familie zu kurz.

→ Ich möchte auch mal so wichtig sein wie deine Arbeit.

→ Mit diesem Projekt kommen Sie aber reichlich spät.

→ Ich fürchte, das werden Sie nicht rechtzeitig schaffen.

→ Ich mache mir Sorgen, dass Sie die Kunden mit dieser Aktion verärgern.

→ Mit Ihrem letzten Schriftsatz können wir aber keinen Staat machen.

→ Ihr Angebot ist mir zu unübersichtlich.

→ In Ihrem Unterricht verstehe ich nichts.

→ Ich finde es unerhört, dass du so denkst.

→ Es nervt mich, wenn du dein Geschirr nicht spülst …

→ Was Sie da vorhaben, kann nicht gut gehen.

→ Ich habe das Gefühl, du machst immer, was andere Leute von dir wollen.

→ Ich habe den Eindruck, dass du mich nicht magst.

→ Du gibst mir nicht das Gefühl, akzeptiert zu werden.

→ Du machst mich traurig.

→ Ich finde unsere Beziehung zur Zeit nicht ehrlich.

→ Es wundert mich nicht, dass die Schüler dich nicht mögen.

→ Ich fühle mich in deiner Gegenwart nicht wohl.

→ Du regst mich auf …

→ Die Kollegen sind immer so still, wenn du dabei bist.

→ Ich frage mich, wie du es schaffst, so viel Geld auszugeben.

→ Ich bin mir sicher, dass diese Arbeit auch schneller zu erledigen wäre.

→ Deine Freunde sagen auch, dass du oft überzogen reagierst.

→ Ich finde, dass du dir zu viel Sorgen machst.

→ Du bist einfach zu empfindlich.

→ Ich kann mir nicht vorstellen, dass du das ernst meinst.

→ Ich vermute, du sagst das nur, um mir eins auszuwischen.

→ Ich glaube nicht, dass dir das wirklich weh tut.

→ Du brauchst keine Angst zu haben …

→ Es ist doch lächerlich, sich so zu engagieren.

Übung X X O

Ziel:

Wahrnehmen und formulieren, wie es jemandem geht, der ausgegrenzt wird.

Anleitung für STRUKI:
1. Jeder sucht sich einen Partner für die folgende Übung.
2. Zeigen Sie das Blatt X X O, so dass alle es sehen können.
3. Schreiben Sie die Fragen eventuell an die Tafel.
4. Jeder bespricht die Fragen mit seinem Partner.
5. Sie haben zehn Minuten Zeit. Passen Sie auf, dass beide drankommen!

→ Wie interpretieren Sie dieses Bild?
→ Erinnern Sie sich an eine Situation, in der Sie das O waren!
→ Wie ging es Ihnen da?
→ Wie haben Sie sich da gefühlt?
→ Was haben Sie gedacht?
→ Was haben Sie beschlossen?

Auswertung in der Großgruppe

X   X   X   X

X   X   X   X

X   X   X   X

X   O   X   X

X   X   X   X

Übung: Was mache ich, wenn ....

Diese Übung können Sie gegen Ende der *Streitschule* machen, eventuell auch einzelne Szenen bei Bedarf.

Es gibt immer wieder Situationen, in denen man nicht weiß, wie man reagieren soll. Erst zehn Minuten später fällt einem ein, was man alles hätte sagen können, all die guten Argumente ... Eine unserer Freundinnen nennt das „treppenschlau"!

Bei der folgenden Übung können Sie im geschützten Raum ausprobieren, was Sie machen könnten, ... und sehen, was Ihr Verhalten auslöst.

Spielen Sie zu zweit. Sie können diese Situationen auch mehrmals spielen, bis Sie alles ausprobiert haben, was Ihnen einfällt.

Die einzelnen Situationen:

1. Sie sitzen bei einem Abendessen mit anderen Menschen. Ihr Nachbar macht abwertende Bemerkungen über gemeinsame Bekannte. Sie sind empört und wollen das nicht hinnehmen.

2. Sie erzählen Ihrer Schwester von einem Projekt, das Sie der Geschäftsleitung unterbreitet und auf das Sie viel Mühe verwendet haben. Ihre Schwester weist Ihnen nach, dass Sie es noch nicht wirklich durchdacht haben.

3. Sie besuchen Ihre Mutter und erzählen begeistert von dem neuen Jobangebot. Wie üblich, findet Ihre Mutter tausend Gründe, warum Sie dem nicht gewachsen sein werden.

4. Sie treffen Ihre neugierige Nachbarin, die Sie mal wieder gründlich nach Ihrem Familienleben ausfragt.

5. Ihre Freundin gibt Ihnen bei jeder Gelegenheit ungebeten Ratschläge zu Ihrer Kindererziehung nach dem Motto: „Wenn ich du wäre, dann würde ich ..."

6. Sie machen Ihrem Abteilungsleiter einen Vorschlag, wie Ihre Abteilung viel Geld sparen könnte. Er blättert in seinen Akten und hört Ihnen nicht zu.

7. Sie machen einen Fehler, entschuldigen sich. Der andere hackt weiter auf dem Geschehen rum.

8. Sie erzählen Ihrem Mann eine lustige Geschichte, er runzelt die Stirn und antwortet nicht.

9. Sie machen schon den dritten Anlauf, mit Ihrem Bruder über Ihre „eingeschlafene" Beziehung zu reden. Er sagt wieder: „Ach, muss das sein, lass uns ein andermal darüber reden."

10. Sie sind Techniker bei einer privaten Telefonfirma. Sie haben bei einer Kundin aus Nachlässigkeit wirklich Mist gebaut. Das wissen Sie auch. Die Kundin hatte dadurch selber richtig Ärger, ist total aufgebracht, kommt zu Ihnen und schimpft wütend über diesen schlechten Service! Sie wollen sie auf keinen Fall verlieren.

Auswertung:

Besprechen Sie, was warum hilfreich war. Ergänzen Sie diese Liste mit anderen Situationen, die Sie sprachlos machen.

Übung: Der Eisberg[*]

Ziel:

Unklare Situationen erhellen.

STRUKI liest vor: Sie haben sicher schon tausend Mal jemanden sagen hören: „Das ist ja nur die Spitze des Eisbergs!" Eisberge haben es nun mal an sich, dass sie nur an der Oberfläche sichtbar sind. Dem Sichtbaren kann man meistens ausweichen. Nicht ausweichen kann man dagegen dem viel größeren, unsichtbaren Teil des Eisberges. Dieses Bild lässt sich auch auf alltägliche soziale Situationen übertragen:

Sie sehen das Verhalten eines Menschen. Wenn es Ihnen nicht gefällt, können Sie im konkreten Fall wahrscheinlich ausweichen. Nicht ohne weiteres sehen können Sie den Unterbau von Erwartungen, Bedürfnissen, Interessen, Absichten, Gefühlen, Überzeugungen oder Werten, die zu diesem bestimmten Verhalten geführt haben. Auch wenn Sie noch knapp an der Spitze des Eisbergs vorbeischrammen konnten, besteht doch Kollisionsgefahr mit dem Unterbau.

Beispiel:

Sie fragen Ihren Freund Thomas, ob er mit Ihnen eine kleine Paddeltour machen möchte, bevor Sie selbst dann den Rest der Woche zu Ihrer Freundin nach Bregenz fahren. Thomas reagiert außerordentlich mürrisch. Sie übergehen dieses sichtbare Verhalten, die Spitze des Eisberges, sind aber zugleich irritiert und verunsichert. Unter der Wasseroberfläche könnte sich bei Thomas Folgendes abspielen:
- → Er hat *erwartet*, dass Sie eine ganze Woche Zeit für ihn haben.
- → Er hat das *Bedürfnis*, Ihnen wichtiger zu sein als alle anderen Aktivitäten.
- → Er hatte die *Absicht*, sich in diesen Ferien mit Ihnen zu verloben.
- → Er *fühlt* sich zurückgewiesen, missverstanden, nicht anerkannt.

---

[*] Diese Übung eignet sich als Hausaufgabe, nachdem Sie sich mit den „Vier Ohren" beschäftigt haben.

→ Er hat die *Überzeugung*, dass Liebe bedeutet, immer zusammen sein zu wollen.
→ Für ihn sind wichtige *Werte*: Zugehörigkeit, Verlässlichkeit, Nähe.

Aufgaben:

1. Bis zum nächsten Treffen versuchen Sie bitte, drei Eisberge, die Ihnen begegnen, mit ihrem ganzen Unterwasserteil zu erforschen.
2. Beim nächsten Treffen besprechen Sie, was Sie gefunden haben.

Arbeitsblatt:
Ähnlichkeiten und Unterschiede

Für dieses Arbeitsblatt brauchen Sie einen Partner. Es eignet sich besonders dafür, versteckte Selbstverständlichkeiten aufzudecken und Akzeptanz dafür zu schaffen. Sie können es mit Partnern, Geschwistern oder Freunden machen. Ergänzen Sie nach Bedarf und Belieben!

	A ja	A nein	B ja	B nein
Für Freunde ist meine Tür immer offen.				
Ich gebe vergnügt Geld aus – ohne schlechtes Gewissen.				
Das Leben auf dem Land ist einfach schöner.				
Grundsätzlich vertraue ich Menschen erst mal.				
Ich brauche es, dass du mir sagst, wie wichtig ich dir bin.				
Sonne und Wärme sind mein Lebenselixier.				
Es kann auch zu viel Familie geben.				
Von festen Prinzipien halte ich gar nichts.				
Zum Reden habe ich immer Lust.				
Es gibt nichts Schöneres, als Pläne für die Zukunft zu schmieden				
Ordnung ist das halbe Leben.				
Konzerte, Museen, Theater, Kino – ohne Kultur gehe ich ein.				
Veränderungen sind das Salz des Lebens.				
Ein Auto ist viel mehr als ein Fortbewegungsmittel.				
Karriere kann nur auf Kosten der Lebensqualität gehen.				

Arbeitsblatt:
Offene und geschlossene Fragen

Suchen Sie die geschlossenen Fragen und formulieren Sie diese als offene Fragen:

Wie denkst du über diesen Vorschlag?

Wann kommst du heute nach Hause?

Soll ich Fisch oder Fleisch für dich bestellen?

Du hast doch auch an diese Möglichkeiten gedacht, oder?

Wer hat dir dieses Kleid angedreht?

Wie könnte ich dir helfen?

Wäre damit alles geklärt?

Was würdest du von mir brauchen?

Gefällt es dir, dass du auch mal zu Wort kommst?

Du möchtest doch sicher auch, dass ich Karriere mache?

Du willst wohl mit mir streiten?

Hast du schon wieder vergessen einzukaufen?

Wie stellst du dir unsere Ferien vor?

Würdest du dieses Problem anders lösen, wenn ich nicht beteiligt wäre?

Möchtest du heute noch essen gehen?

Wer ist aus deiner Sicht für dieses Dilemma verantwortlich?

TOBI et OBI

1. *Arbeitsblatt Tobi ist weg* (Seite 112)
Information nur für Frau Pritsch: Tobi ist der heiß geliebte *Dackel* von Frau Pritsch!!!!!!

2. *Rollenspiel Baumarkt:* Was ist mit Herrn Keller los? (Seite 116)
→ Herr Keller hat das Geld nicht genommen.
→ Er weiß auch nicht, wer es genommen hat.
→ Er ist verzweifelt, weil sein Sohn beim Diebstahl in einer Videothek erwischt wurde und die Polizei ihn im Verdacht hat, an weiteren Diebstählen beteiligt gewesen zu sein.
→ Herr Keller hat massive Befürchtungen, dass die Polizei eines Tages womöglich im Baumarkt erscheinen könnte. Er will auf keinen Fall, dass die Kollegen von den Problemen seines Sohnes erfahren. Er befürchtet, dass er dann erst recht in Verdacht gerät.
→ Herr Keller will seinen Job behalten. Niemand hat mehr Interesse als er, dass sich die Diebstähle aufklären.
→ Er mag Herrn Franzen, aber er weiß nicht, ob er sich ihm anvertrauen kann. Das wird von dem Gespräch abhängen.

Literatur

Bach, G.R./Wyden, P.: *Streiten verbindet. Spielregeln für Liebe und Ehe.* Düsseldorf 1969
Gray, J.: *Männer sind anders, Frauen auch.* München 1992
Fischalek, F.: *Bevor die Fetzen fliegen.* Freiburg 1995
Notorius, C./Markman, H.: *Wir können uns doch verstehen.* Reinbek 1996
Schulz von Thun, F.: *Miteinander reden.* Bd.1-3. Reinbek 1999

Termine

Die aktuellen Termine für die Streitschul-Seminare finden Sie unter

www.streitschule.de

Notizen

Notizen

Notizen

Notizen

Notizen

Notizen

Der rote Faden: Soziale Kompetenz

160 Seiten, kart.
€ (D) 17,50
ISBN 3-87387-514-4

Unsere Welt ist überzogen mit Beziehungsnetzen. Man trifft sich, man kennt sich, man hilft sich. Aber Kontakte allein bringen wenig, die Qualität der Kontakte ist entscheidend. Unsere soziale Kompetenz ist der Faden, mit dem wir unsere Beziehungsnetze weben. Sie ist maßgebend für unseren privaten, wie auch beruflichen Erfolg und beeinflußt unsere gesamte Lebensqualität wie kaum ein anderer Faktor. Der Autor stellt einen Weg dar, wie man sich diese Erfolgsgrundlage erarbeiten kann, indem er soziale Kompetenz und ihre Bausteine aus verschiedenen Perspektiven beleuchtet. Dabei umfaßt die Spannweite der Darstellung nicht nur Grundlagen, wie individuelle Unterschiede zwischen Menschen, sondern auch tiefer liegende Zusammenhänge, die auf den ersten Blick nicht so leicht zu durchschauen sind.

Herbert Frosch, Dipl.-Kfm., geb. 1969, studierte Personal-/Führungslehre und Marketing an der Universität Bayreuth und in Lincoln/Nebraska, USA.

Seit 1993 leitet er Seminare und ist seit 1997 Lehrbeauftragter an der Universität Bayreuth für „Rhetorik" und „Training Sozialer Kompetenzen".

www.junfermann.de
www.active-books.de

JUNFERMANN • Postfach 1840 • 33048 Paderborn
eMail: ju@junfermann.de • Tel. 0 52 51/13 44 0 • Fax 0 52 51/13 44 44

NLP – für jeden etwas ...

128 Seiten, kart.
€ 12,50 [D]
ISBN 3-87387-500-4

Aus Amerika ist schon häufiger etwas nach Europa herüber gekommen, was den überraschten Einwohnern der alten Welt zunächst als geheimnisvolle Abfolge von mehreren Großbuchstaben präsentiert wurde und sie zu der Frage nötigte: Was ist denn das? Und auch nicht selten fanden solche Neuerungen begeisterte Anhänger auf der einen und Skeptiker und Kritiker auf der anderen Seite.

In diesem Buch geht es darum, Ihnen das Neurolinguistische Programmieren (NLP) vorzustellen und Sie darüber zu informieren, was diese Neuerung in Psychologie, Pädagogik und Management Ihnen vermitteln kann. NLP wird beschrieben, Ziele der Arbeit mit NLP werden aufgezeigt und die Methoden, mit denen NLP arbeitet, dargestellt. NLP kann Therapien wirkungsvoller gestalten, Lehrern und Trainern zu mehr Lehrerfolg verhelfen und Führungskräfte zu einem effektiven Mitarbeiter-Coaching befähigen.

Alexa Mohl, Dr. phil. habil., lebt als selbständige psychologische Beraterin, Führungstrainerin und Coach in Hannover. Sie ist Autorin vieler erfolgreicher Bücher, u.a. des JUNFERMANN-Bestsellers „Der Zauberlehrling" (über 40.000 verkaufte Exemplare). Alexa Mohl zählt zu Deutschlands wichtigsten und profundesten NLP-Autoren.

www.junfermann.de
www.multimind.de
www.active-books.de

JUNFERMANN • Postfach 1840 • 33048 Paderborn
eMail: ju@junfermann.de • Tel. 0 52 51/13 44 0 • Fax 0 52 51/13 44 44

Wort-Kraft

Die Magie der Sprache

Sleight of Mouth
Angewandtes NLP

Robert B. Dilts

260 Seiten, kart.
€ (D) 22,50
ISBN 3-87387-445-8

Dieses Buch beschäftigt sich mit der Magie der Worte und der Sprache. Sprache ist eine der zentralen Komponenten, aus denen wir unsere geistigen Modelle der Welt entwickeln, und sie kann die Art, wie wir die Wirklichkeit wahrnehmen und wie wir auf sie reagieren, in ungeheurem Maße beeinflussen. Unglücklicherweise können Worte uns ebenso leicht verwirren und einschränken, wie sie uns Macht verleihen können. Dieses Buch handelt von der Macht der Worte, der positiven ebenso wie der negativen, von den Unterscheidungen, die ausschlaggebend dafür sind, welche Wirkung Worte auf uns haben, sowie von den sprachlichen Mustern, durch die wir schädliche Aussagen in nützliche verwandeln können.

Robert Dilts ist seit 1975 Entwickler, Autor, Ausbilder und Berater auf dem Gebiet des Neurolinguistischen Programmierens (NLP).
Er hat auf der ganzen Welt für eine Vielzahl von Berufsgruppen und Organisationen als Berater und Ausbilder gearbeitet und ist Autor zahlreicher Bücher, deren deutsche Übersetzung jeweils im JUNFERMANN Verlag erschienen ist.

www.junfermann.de
www.active-books.de

JUNFERMANN • Postfach 1840 • 33048 Paderborn
eMail: ju@junfermann.de • Tel. 0 52 51/13 44 0 • Fax 0 52 51/13 44 44

Konflikte lösen – (k)ein Problem

216 Seiten, kart.
€ (D) 20,50
ISBN 3-87387-545-4

Mediation ist ein emanzipatorisches Verfahren, das Menschen befähigt, Konflikte selbständig zu lösen. Zugleich ist Mediation modernes Konfliktmanagement, das Sackgassen in der Konfliktlösung überwindet. Konflikteskalation wird vermieden.

Mediation ermöglicht außergerichtliche Einigungen sowohl im Berufs- als auch im Privatleben. Der Autor beschreitet einen neuen Weg: Er nutzt die Ansätze und Konzepte der Transaktionsanalyse, um die hohen Ansprüche des Mediationsverfahrens einzulösen und die schwierigen Kommunikationsaufgaben zu bewältigen. Ein praxisorientiertes Arbeitsbuch – auch für Einsteiger geeignet!

Karl-Heinz Risto ist evangelischer Theologe und Transaktionsanalytiker und bildet in mehrjährigen Ausbildungsgruppen in Supervision/ Coaching, Transaktionsanalyse und Mediation aus.

www.junfermann.de
www.active-books.de

JUNFERMANN • **Postfach 1840 • D-33048 Paderborn**
eMail: ju@junfermann.de • Tel. 0 52 51/13 44 0 • Fax 0 52 51/13 44 44

Erst denken, dann handeln!

176 Seiten, kart.
€ (D) 18,00
ISBN 3-87387-542-X

Die Autoren haben ein leidenschaftliches Plädoyer für eine Streitkultur verfaßt, in der Durchsetzungsfähigkeit verbunden wird mit Wertschätzung dem Konfliktpartner gegenüber – entgegen dem Trend der Ellenbogen-Gesellschaft, die Konflikt zunehmend als „Kampf aller gegen alle" begreift. Das Buch zeigt: Nur wer „bei sich bleibt" und Selbstverantwortung in einem Konflikt übernimmt, kann der Versuchung widerstehen, im Streitfall „außer sich zu geraten". Ein leicht verständlicher und praxisorientierter Ansatz zur konstruktiven Konfliktbewältigung!

Rudi Rhode, Pantomime und Schauspieler; Trainer für Kommunikation und Personaltrainer.

Mona Sabine Meis, Trainerin beim LABOR – K / Institut für Kommunikation, Konflikt & Körpersprache.

Ralf Bongartz, Tätigkeit als Trainer beim Polizeifortbildungsinstitut Münster für die Bereiche Streßbewältigung, Deeskalation und Posttraumatische Belastungen. Seit 1998 Trainer beim LABOR – K.

www.junfermann.de
www.active-books.de

JUNFERMANN • Postfach 1840 • D-33048 Paderborn
eMail: ju@junfermann.de • Tel. 0 52 51/13 44 0 • Fax 0 52 51/13 44 44

It's simple...
but not easy

Ingrid Holler

Trainingsbuch Gewaltfreie Kommunikation

Mit einem Vorwort von Marshall B. Rosenberg

216 Seiten, kart.
€ (D) 18,00
ISBN 3-87387-538-1

Ein Buch aus der Praxis für die Praxis, das mit humorvollen Beispielen die Gewaltfreie Kommunikation nach Marshall B. Rosenberg für den Alltag brauchbar macht. Selbstlerner/innen können in leicht nachvollziehbaren Übungen auf gehirnfreundliche Art das Handwerkszeug der Gewaltfreien Kommunikation trainieren. Lernen Sie, wie Sie Störungen aktiv und aufrichtig mit den vier Schritten ansprechen können, wie Sie klare Bitten äußern statt Forderungen aufzustellen und mit Kritik, Vorwürfen und Schuldzuweisungen produktiv umgehen. Trainer/innen und Übungsgruppen finden in diesem Buch eine Fülle motivierender, kommuni-kativer Übungen zu den wesentlichen Kommunikationsprozessen und -modellen der Gewaltfreien Kommunikation.

„Es gefällt mir sehr gut, wie Ingrid eine klare Struktur vorgibt und gleichzeitig Humor und spielerische Elemente in ihr Trainingsbuch integriert." – *Marshall B. Rosenberg*

Ingrid Holler ist Certified Trainer von Marshall Rosenbergs Center for Nonviolent Communication (USA) und übersetzte sein Buch. Sie gibt Einführungs- und Ausbildungssemi-nare in Gewaltfreier Kommunikation.

www.junfermann.de
www.active-books.de

JUNFERMANN • Postfach 1840 • D-33048 Paderborn
eMail: ju@junfermann.de • Tel. 0 52 51/13 44 0 • Fax 0 52 51/13 44 44